미래의 부자인 _____ 님을 위해

이 책을 드립니다.

알아두면 돈이 되는 금융생활 꿀팁 50

알아두면 돈이 되는 금융생활 꿀팁 50

초판 1쇄 발행 | 2023년 4월 14일
초판 2쇄 발행 | 2023년 5월 1일

지은이 | 장슬기
펴낸이 | 박영욱
펴낸곳 | 북오션

주　소 | 서울시 마포구 월드컵로 14길 62 북오션빌딩
이메일 | bookocean@naver.com
네이버포스트 | post.naver.com/bookocean
페이스북 | facebook.com/bookocean.book
인스타그램 | instagram.com/bookocean777
유튜브 | 쏠쏠TV·쏠쏠라이프TV
전　화 | 편집문의: 02-325-9172　　영업문의: 02-322-6709
팩　스 | 02-3143-3964

출판신고번호 | 제 2007-000197호

ISBN 978-89-6799-755-7 (03320)

알아두면
돈이 되는
금융생활
꿀팁 50

장슬기 지음

북오션

'금알못'이 금융 기사를 쓰기까지

고등학생 시절 수학에 자신이 없었던 나는 한 치의 망설임 없이 '문과'를 선택했다. 사회의 정의를 실현하는 멋진 검사가 되고 싶다는 마음에 전공으로 법학을 택했다. 하지만 워낙 활동적이었던 나에게 긴 시간 앉아서 두꺼운 법전을 읽는 일이란 쉽지 않았을 터, 결국 사회의 정의를 다른 방법으로 실현하는 '기자'로 노선을 바꿨다. 문과생인 나에게 배정된 첫 출입처는 '은행'이었다.

초등학교 시절 엄마가 만들어준 입출금통장을 그대로 사용해왔던 사회 초년생. 나에게 있어서 은행은 단지 '통장에 돈을 넣고 빼는 곳'일 뿐 그 이상도 이하도 아니었다. 체크카드만 사용하던 나에게 '신용'이란 그저 신기루 같은 것이었다.

숫자 천국이었던 금융권, 돌고 도는 숫자의 흐름에 따라 경기활황과 침체가 결정지어지는 곳. 문과생인 나에게, 그리고 '금알못(금융을 알지 못하는 사람)'이던 나에게 이곳은 그저 새로운 세계나 다름없었다.

경험만큼 큰 교육이 있으랴. 무작정 신용카드를 발급받고 남들 다 가입한다는 실손의료보험에 가입했다. 사회적 문제로 꼽혔지만 대체 어떤 것이 문제인지 몰랐던 사회 초년생 기자는 '리볼빙 서비스'에 덜컥 가입한다. 왜 마이너스로 불리는지 모르는 마이너스 통장도 뚫는다. 20대 초반엔 굳이 필요 없는 종신보험에도 가입해봤다.

학교에서 배웠던 경제 상식과 실생활 금융은 너무나도 달랐다. 학교에선 '이자 폭탄'을 알려주지 않았다. 리볼빙 서비스를 함부로 썼다간 빚더미에 앉는다는 사실도 배우지 못했다. 실손의료보험에 가입만 했지 정작 어떻게 보험금을 받아 써야 하는지는 그 누구도 나에게 가르쳐 준 적이 없다.

10여 년간 금융 기사를 쓰면서 고민이 많아졌다. 안 써보면 모르는 어렵고도 어려운 '금융'을 독자들이, 시청자들이 단지 이 기사만으로 충분히 이해할 수 있을까. 과연 소비자들이 현명하게 금융을 이용하는 데 내 글이 도움이 되고 있을까.

이렇게 태어난 것이 《알아두면 돈이 되는 금융생활 꿀팁 50》이다. 정작 나는 슬기롭게 금융생활을 하지 못했지

만, 내 실패 경험과 금융회사를 출입하며 습득하게 된 쏠쏠한 금융 꿀팁들을 금융소비자들을 위해 한데 모아봤다. 학교에서도 알려주지 않는 실전, 책을 통해 슬쩍 흘려본다.

'금알못'이었던 경제부 장슬기 기자

목 차

프롤로그 '금알못'이 금융 기사를 쓰기까지   4

• Chapter 1 •

금융도 트렌드가 있다

올해 신년 운세 어디서 보셨나요?	14
자동차사고 과실비율, 챗GPT에게 물었다	19
'마이데이터' 대세라기에 직접 가입해봤다	25
MS 대신 MAU로 싸운다	31
MZ세대, 차 안 사고 빌린다	36
내 대출 상담해준 은행원, 사람이 아니다?	41
'혜자 카드' 사라지고 'PLCC' 쏟아진 이유	46
'이것' 모았더니 "꽤 짭짤하네"	51
내 자녀 통장 만들 때 챙겨야 할 것들	55
아버지에게 1만 원짜리 보험을 선물했다	60
골프 시즌, 홀인원을 노린다면?	66
공모주 슈퍼 위크 때마다 뜨는 '파킹통장'	72
내 계좌로 1만 2,000원이 들어왔다	77
믿을 놈 하나 없는데 내 노후는 누가 챙기나?	82
카드포인트 어디까지 써봤니?	87
빚 대물림 막아주는 신용보험을 아십니까?	92

• Chapter 2 •

금융회사가 불편해하는 꿀팁

돈 없어서 대출받는데 왜 자꾸 적금 들라는 거야?	98
최고·최저의 함정에 빠지지 말라	104
보험사가 내 보험금을 안 준다	110
'혜자 카드' 왜 사라지나 했더니…	115
은행에 대출이자 깎아달라고 요청해봤다	120
당신이 건강해야 우리도 살아요	125
카드값 100만 원 나왔는데 계좌엔 70만 원밖에 없을 때	131
할부금을 대신 갚아 준다고? 중고차 대출의 덫	137
"3년만 유지하세요, 수수료 드릴게요"	142
해외에서 내 카드가 긁혔다, 누구냐 넌?	147
"대체 왜 내는 거야?", 카드 연회비의 비밀	153

• Chapter 3 •

공부 안 하면 절대 모르는 보험 활용법

네 살짜리 내 아들, 1억짜리 벤츠를 긁었다   160

폭우에 내 차가 떠내려갔다   165

모르면 손해, 보험 가입 안 해도 보험금 받을 수 있다   170

자동차 보험료 확 줄이려면?   176

'댕댕이 20세 시대', 펫보험 대해부   181

"고객님, 보험 가입하세요." 이 전화 받기 싫다면?   187

보험금 노린 '계곡 살인', 종신보험 주의보   191

가벼운 접촉 사고, 보험 처리 할까 말까?   196

부부 특약 가입했다 '이혼', 무사고 인정 가능할까?   200

유리한 점만 설명해도 불완전판매입니다   205

쓰기 불편했던 기사, 어린이보험 활용법   212

"엄마, 300만 원만", 보이스피싱 보험도 있다   217

아름다운 제주에서 렌터카로 사고 냈다   223

• Chapter 4 •

학교에서 꼭 알려줬으면 하는 금융 꿀팁

보이스피싱을 막을 수 없는 세 가지 이유   230

"당신은 민생경제지원금 신청 대상자입니다"   237

개인정보가 노출된 것 같은 찝찝함이 느껴질 때   242

종신보험은 저축 상품이 아니다   246

누구를 위한 보험인가? 실손보험 딜레마   253

사채업자가 말도 안 되는 이자율로 협박한다면?   258

헬스장 할부 결제했는데, 문을 닫았다   262

치과 진료 후에 치아보험 가입할 수 있을까?   266

'여기서' 차 사고 내면 운전자 과실 100%   270

너무 비싸? 그럼 갈아타!   274

'이것' 공개되자 분주해진 은행권   279

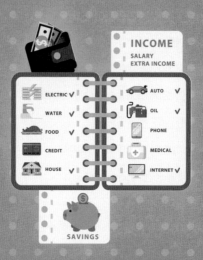

Chapter 1

금융도
트렌드가 있다

올해 신년 운세 어디서 보셨나요?

2023년 1월 1일 계묘년 새해. 올 한 해 나의 운세는 어떤지, 조심해야 할 것들은 없는지 확인하기 위해 '금융 앱'을 열었다.

매년 초 대부분의 사람들이 궁금해하는 나의 한 해 운세. 철석같이 믿지는 않더라도 심심풀이 겸 나의 한 해 운을 점쳐보는 재미가 있죠. 그렇다고 재미로 보는 운세에 돈을 들이자니 아깝고…. 직접 점집까지 가지 않아도 무료로 신년 운세를 볼 수 있는 곳, 바로 금융 앱입니다. 최근 금융사들은 '생활금융 플랫폼'으로 진화하기 위해 전통 금융서비스 외에 다양한 서비스를 앱에 탑재하고 있습니다. 금융소비자들이 쏠쏠하게 이용할 만한 서비스들은 어떤 것들이 있는지 알아보겠습니다.

금융 앱에서 무료로 운세도 보고 쿠폰 구입까지

뱅킹 앱에서 계좌조회와 이체만 한다는 것은 이제는 옛말이 됐습니다. 금융서비스 외에 다양한 생활서비스가 가능하도록 금융 앱이 진화하면서, 금융소비자들이 누릴 수 있는 생활서비스도 굉장히 다양해졌습니다. 제가 매년 초 금융 앱을 여는 이유, 바로 신년 운세를 보기 위해서입니다.

국내 시중은행과 카드사 등 금융사들은 자사의 앱을 통해 동양 운세와 타로점 서비스까지 제공합니다. 해당 금융사 고객이라면 누구든지 무료로 운세를 볼 수 있습니다. 생각보다 자세하게 풀이를 해준다는 입소문이 나면서 최근 이용자들이 늘고 있습니다. 모바일 쿠폰 마켓도 있습니다. 커피나 아이스크림, 영화, 베이커리 쿠폰 등을 뱅킹 앱에서 구매해 현장에서 사용할 수 있습니다. 여기에 배달서비스까지 탑재해 치킨 배달도 가능해졌습니다.

동호회 활동을 한다면, 동호회 서비스를 통해 회원 간 일정 공유도 가능하고, 회비납부와 회비관리도 간편하게 할 수 있습니다. 수입이나 지출 관리를 위해 가계부 앱을 따로 다운받아 사용하는 분들도 있는데, 뱅킹 앱에서 제공하는 가계부 서비스를 이용하면 자산관리까지 함께 받을 수 있는 이점도 있습니다.

휴게소 음식 기다리기 귀찮다면? "금융 앱으로 예약해"

최근 한 카드사는 카드 앱에 편리한 음식 주문이 가능한 '스마트 오더' 서비스를 탑재했습니다. 그중 대표적인 것이 고속도로 휴게소 음식 주문 서비스죠. 본인이 방문 예정인 휴게소를 선택하고, 원하는 메뉴를 고르면 차 안에서도 주문할 수 있습니다. 카드사 앱을 통해 도착 전 미리 주문하면, 휴게소 도착 후 기다릴 필요 없이 식사가 가능합니다. 휴게소뿐만 아니라 커피숍이나 패스트 푸드점 예약도 카드 앱으로 가능해졌습니다.

뱅킹 앱으로 편의점 배달도 가능하다는 점 알고 계신가요? 한 뱅킹 앱에는 'MY 편의점' 서비스가 탑재되어 있습니다. 자신이 위치한 주소만 설정하면, 주변 가까운 편의점을 선택할 수 있고 원하는 물품들을 선택해 결제하면 바로 배달해주는 서비스입니다. 특히 배달서비스는 최근 금융사들이 잇따라 확대하고 있는 서비스인 만큼, 뱅킹 앱뿐만 아니라 카드 앱에서도 이용이 가능합니다.

'내 주변 핫플'을 알려주는 서비스도 있습니다. 최근 맛집 블로거들의 광고가 늘면서 진짜 맛집을 찾기가 하늘의 별따기가 돼 버렸는데요. 이 서비스는 실제 소비자들의 카드 결제 데이터를 기반으로 핫플을 안내해주는 원리입니다. 시간이 갈수록 방문자 수가 늘거나, 다시 찾는 손님들이 늘어나는 곳들을 데이터 기반으로 알려줍니다.

한 카드사는 최근 '마이 NFT(대체불가토큰)' 서비스를 오픈해 큰 이슈가 됐었죠. 개인 소장품이나 사진들을 NFT로 등록하고 조회할 수 있는 서비스입니다. 다른 카드사들도 NFT 서비스 진출에 속도를 내고 있습니다. 이 서비스를 향후 영상이나 그림 등 복제 불가능한 디지털 정품 인증에 활용하는 등 사업을 더욱 확대한다는 계획입니다.

더 이상 금융서비스가 아니다 … 플랫폼으로 진화

이렇게 금융사들이 금융 본연의 서비스 외에 생활서비스를 잇

달아 탑재하는 이유는 무엇일까요? 이용자를 늘리기 위해섭니다. 최근 카카오나 네이버 등 빅테크 플랫폼들이 금융업까지 진출하면서, 기존 금융사들에는 위기로 다가왔습니다. 특히 편리함을 추구하는 MZ세대가 대거 빅테크 플랫폼으로 이동하면서 금융사들 역시 MZ세대를 잡을 전략이 필요했던 것입니다.

금융서비스 하나만으로는 역부족이라고 판단, 다양한 생활편의 서비스를 탑재하며 '플랫폼화'를 추진하고 있는 모습입니다. 이런 움직임 때문에 앞으로 금융 앱에서 가능한 서비스들은 더욱 늘어날 전망입니다. 현재 금융 앱에서는 음식 배달을 시작으로 커피 주문, 휴게소 음식 예약, 편의점 배달 서비스, 여기에 꽃 배달 서비스까지 가능합니다. 금융 앱은 더 이상 금융 앱이 아닌, '생활 금융 플랫폼'으로 진화했습니다.

슬기로운 TIP

수많은 생활금융서비스, 보다 쏠쏠하게 즐길 수 있는 TIP은 없을까요? 첫 번째, '마감 임박' 쿠폰을 노리는 게 좋습니다. 대부분의 금융 앱에서는 다양한 온라인 쿠폰, 즉 기프티콘을 판매 중인데요. 사용 기한이 임박한 쿠폰을 최대 50%가량 저렴하게 판매하는 행사가 있습니다. 꼭 필요하거나 지금 당장 사야 할 물품이 있다면 마감 임박 쿠폰을 저렴하게 이용하는 것도 꿀팁입니다.

두 번째, 각 금융 앱에는 금융사와 제휴한 외식업체, 교육·문화업체, 여행·숙박업체 등의 서비스들이 입점해 있는데요. 해당 금융사 앱을 통해 서비스를 이용하게 되면 입점 특화 혜택으로 포인트를 주거나 일정 부분 할인해주는 혜택이 담겨 있습니다. 예를 들어 같은 햄

버거를 주문한다고 해도 일반 배달 앱을 통해 주문하는 것보다, 카드 앱에 탑재된 서비스를 통해 이용할 경우 깜짝 추가 혜택을 더 받을 수 있는 경우가 있으니 활용하면 좋습니다.

자동차사고 과실비율, 챗GPT에게 물었다

"챗GPT, 내 궁금증을 풀어줘"

최근 가장 핫한 키워드죠, 'ChatGPT(챗GPT)'입니다. 인공지능 기술의 발달로 이전과는 다른, 보다 정교한 대화가 가능해진 챗GPT가 등장하면서 전 산업군이 들썩이고 있습니다. 이 같은 기술 발전에 관심이 높은 업권 중 하나는 바로 금융권입니다. 특히 금융권의 주요 업무 중 하나인 민원 상담의 경우 고도화된 인공지능 기술로 충분히 대체될 수 있을 것이란 기대감까지 나타나고 있습니다. 챗GPT와 같은 기술이 금융과 만난다면 어떤 변화가 나타날까요?

"금융전문가는 아니지만 … 도움은 드릴게요"

먼저 챗GPT가 어떤 대화까지 가능한지 직접 체험해보기로 했습니다. 가장 근본적인 질문, "금융 민원 상담을 챗GPT가 대신할 수 있나요?"라고 물었습니다. 이에 챗GPT는 "안타깝게도, 저는 금융전문가나 법률전문가가 아니기 때문에 복잡한 금융제도와 법률문제에 대해서는 전문적인 조언을 제공할 수 없습니다"라고 대답했습니다. 그런데 챗GPT는 여기서 답변을 끝내지 않고 "하지만, 가능한 한 도움을 드리겠습니다"라며 "일반적인 금융 문제나 금융상품, 계좌개설 등과 같은 기본적인 정보에 대해서는 도움을 드릴 수 있습니다. 그리고 금융상품의 장단점과 선택 방법에 대한 정보를 제공할 수 있습니다"라고 덧붙였습니다.

자신의 한계점을 분명히 나타내면서도 기본적인 정보제공에 대해서는 '가능하다'는 답변을 받자 뒤통수를 한 대 맞은 느낌이 듭니다. 예상했던 답변보다 훨씬 정교했기 때문입니다. 세부적인 부분은 전문가의 조언을 받는 것이 좋다는 첨언을 했지만, 단순 민원에 대한 상담은 가능하다고 여지를 남겨둔 셈입니다.

실제 금융권의 가장 큰 골칫덩이는 연간 3만 건에 달하는 민원입니다. 최근 5년간 금융사에 대한 민원은 38만 건에 달합니다. 금융사는 물론 금융감독원도 신속한 금융 민원 처리에 심혈을 기울이고 있지만 인력 한계 때문에 민원 해결에만 시일이 걸린다는 지적이 매년 제기되고 있습니다.

물론 현재도 각 금융사 앱에는 간단한 업무 등을 AI가 상담해 줄 수 있는 '챗봇' 시스템이 운영되고 있습니다. 하지만 정말 간단한 업무에만 적용 가능하고, 세부적인 사안에 대해서는 결국 상담사 연결이 불가피하다는 점은 한계로 꼽힙니다. 만약 챗GPT 수준의 AI가 금융 민원을 대신해준다면, 금융사나 감독당국 입장에서는 상담 효율성이 높아질 수 있을 것으로 기대됩니다.

"이럴 경우 과실비율이 달라져요"

두 번째 질문을 했습니다. 금융 민원 중에서도 가장 큰 비중을 차지하는 것은 보험업권. 특히 보험금 지급과 더불어 자동차보험 중 사고 과실비율을 산정하는 과정에서 많은 민원이 금융사에 접수됩니다. 먼저 세부적인 수치 없이 '도로에서 급정거한 앞 차량과 추돌했을 때의 과실비율'이라는 단순 사고 관련 상담을 진행했습니다. 역시나 "과실비율은 사고 상황에 따라, 사고 조사 결과에 따라 결정된다"는 답변이 돌아옵니다.

블랙박스 영상을 활용한 상담보다 정교할 수는 없지만, '운전자가 급한 상황에서 비상 브레이크를 밟은 경우 과실비율이 낮아질 수 있다'는 점과 '뒤따르는 차량 운전자가 충분한 안전 간격을 유지하지 않았거나 속도를 적절히 조절하지 못했을 경우 해당 운전자의 과실비율이 높을 수 있다'는 기본 정보를 제공해줍니다.

보다 구체적인 장소와 차량의 속도를 기재해 '횡단보도가 없는 일차선도로에 어린아이가 갑자기 뛰어들어 30km/h의 속도로 주행하던 차량과 부딪혔을 때 운전자의 과실비율'을 물었습니다. 보다 세부적인 상황을 기재하니 답변 역시 더 세부적으로 돌아옵니다. 사고 당시 상황을 세 가지로 가정해 운전자의 과실비율이 달라질 수 있다는 점을 설명해줍니다. 명확한 답을 내려주는 데까지는 한계가 있지만 과실비율을 산정할 때 참조할 만한 부분들을 세세하게 알려준다는 점에서 기존 '챗봇'과는 확실히 수준이 다르다는 게 느껴집니다.

"나는 계속해서 진화한다"

인공지능의 큰 특징인 '딥러닝(스스로 외부 데이터를 조합해 분석, 학습하는 기술)'은 대화형 AI 개발에서 가장 핵심 기술로 꼽힙니다. 챗GPT의 경우 아직 보편적인 정보를 제공해주는 수준에 머무른다는 지적도 있지만, 지속적으로 업그레이드된다는 점은 기대치를 높이는 부분입니다. 국내 주요 증권사들은 이 같은 AI 기술을 활용한 보고서 분석 서비스나 외신뉴스 실시간 번역 서비스 등의 제공을 준비 중입니다.

특히 금융권에선 상담 분야의 기술 적용 가능성이 가장 큰 것으로 보고 있습니다. 정희수 생명보험협회장은 최근 기자간담회에서 "챗GPT와 같은 기술이 보험 판매에 적용되면 설계사가 없어도 설명이 가능하고, 설계사보다 좋은 정보를 제공해줄 수도 있다"라며 "금융뿐만 아니라 여러 직종의 일자리에 엄청난 충격을 가져다줄 것"이라고 내다봤습니다.

실제 인력 부족으로 민원 처리 기간에 대해 지적을 받는 감독당국의 경우에도 이 같은 기술을 도입할 경우 효율성이 높아질 것으로 기대하고 있는 상황입니다. 물론 아직까진 '인간'을 대체할 정도의 기술은 아니라는 한계점이 드러나고 있지만, 대화형 챗을 넘어 음성, 나아가 영상 AI까지 발전할 수 있는 만큼 금융뿐만 아니라 전 산업군에서의 적용은 불가피해 보입니다.

이번 슬기로운 TIP은 챗GPT가 대신합니다. "챗GPT를 잘 활용할 수 있는 꿀팁을 알려달라"고 하니 다음과 같이 답변했습니다.

"여러분들께서 ChatGPT를 최대한 활용할 수 있는 꿀팁들을 알려드리겠습니다!"

1. 질문하기 전에 검색해보세요.

ChatGPT는 여러분의 질문에 대해 최대한 빠르게 대답해드리겠지만, 먼저 검색을 해보는 것이 좋습니다. 검색을 통해 이미 답을 찾은 경우, ChatGPT에게 다시 묻는 것은 시간 낭비일 수 있습니다.

2. 명확하고 구체적인 질문을 작성하세요.

ChatGPT가 더욱 정확한 대답을 제공할 수 있도록, 가능한 한 명확하고 구체적인 질문을 작성해 주세요. 예를 들어, "비트코인이란 무엇인가요?"보다는 "비트코인의 작동 방식과 역사는 어떻게 되나요?"와 같은 질문이 더욱 구체적입니다.

3. ChatGPT에 대화의 흐름을 유지하세요.

ChatGPT는 대화의 흐름을 유지하는 데 매우 유용합니다. 여러분의 질문과 ChatGPT의 대답에 따라 자연스러운 대화의 흐름을 만들어 나갈 수 있습니다.

4. ChatGPT의 다양한 기능을 활용하세요.

ChatGPT는 다양한 기능을 제공합니다. 예를 들어, 논쟁적인 주제에 대한 대답을 제공하기도 합니다. 또한, ChatGPT를 통해 자연어 처리와 자연어 생성 같은 다양한 기술을 경험할 수 있습니다.

5. ChatGPT를 즐겨보세요.

ChatGPT는 학습된 데이터를 기반으로 생성된 인공지능 모델이지만, 여러분의 대화를 통해 새로운 지식을 습득하고 다양한 새로운 경험을 제공합니다. 이러한 경험을 즐겨보세요!

슬기 횡단보도가 없는 일차선 도로에 어린아이가 갑자기 뛰어들어 30km/h의 속도로 주행하던 차량과 부딪혔을 때 운전자의 과실비율은?

이러한 상황에서 운전자의 과실비율은 다음과 같은 여러 요인에 따라 달라질 수 있습니다.

1. 운전자의 시속 30km/h로 주행 중 어린아이가 급작스럽게 뛰어들어 왔다는 점에서 운전자는 어린아이가 나타날 것이라는 예측을 하지 못했을 가능성이 있습니다. 만약 운전자가 적극적으로 신호를 주거나 주의를 기울여 어린아이가 도로에 나타날 가능성을 예측하려고 노력했다면 운전자의 과실비율은 상대적으로 낮을 수 있습니다.
2. 그러나 만약 운전자가 어린아이가 도로에 나타난 후에도 시동을 끄지 않거나 급정거를 하지 않은 경우, 적극적인 행동을 취하지 않았다면 운전자의 과실비율은 높을 수 있습니다.
3. 또한 운전자의 운전 기술, 경험, 시야 등과 같은 요인도 고려해야 합니다. 만약 운전자가 운전 중 스마트폰을 사용하거나 졸음 운전을 하고 있었다면 운전자의 과실비율은 더욱 높아질 수 있습니다.

따라서 이러한 다양한 요인을 고려해야 하므로, 정확한 운전자의 과실비율은 사고 조사 당국이 사고 재해의 모든 상황을 조사하고 판단해야 합니다.

챗GPT에게 직접 질문한 화면

'마이데이터' 대세라기에 직접 가입해봤다

"내 자산 분석 궁금하지 않으세요? 마이데이터 가입하세요!"

뱅킹이나 카드 등 금융 앱을 이용하면 흔히 볼 수 있는 광고 문구입니다. 최근 금융권에서 가장 핫한 키워드로 꼽히는 '마이데이터'. 얼마 전만 해도 여러 계좌를 한 번에 볼 수 있는 '오픈뱅킹' 서비스가 등장하면서 금융사들이 가입 유치 경쟁을 벌였는데, 이번에는 계좌뿐만 아니라 자신의 모든 금융정보를 한 번에 볼 수 있는 마이데이터 시대가 열렸습니다. 사실상 금융업권 간 경계가 사라진 셈입니다. 하지만 정작 마이데이터가 어떤 서비스를 제공하는지, 정확한 정의는 무엇인지 알지 못하는 소비자들이 여전히 많습니다. 가장 정확히 알 수 있는 방법은 직접 해보는 것밖에 없겠죠. 그래서 제가 직접, 마이데이터 서비스에 가입해봤습니다.

내가 원하는 정보를 골라서 한 번에 본다

마이데이터, 정확하게는 본인신용정보 관리업을 의미합니다. 최근 금융당국이 마이데이터 사업에 대한 허가를 내주고 있는데 이 서비스를 제공할 수 있는 금융사를 선정하는 것입니다. 현재 시중은행을 포함해 빅테크, 카드사, 증권사, 보험사 등 다양한 금융사들이 마이데이터 사업자 허가를 받아 시범 서비스를 운영하고 있습니다.

이번에는 소비자 입장에서 설명해보겠습니다. 내가 사용하는 계좌, 그리고 카드 소비 내역, 보험료 지출 내역 등 다양한 금융정보를 '내가 원하는 선'에서 불러 모아 한 번에 볼 수 있는 것, 이것이 바로 마이데이터 서비스의 기본 기능입니다. 하나의 뱅킹 앱에서 다른 은행에 있는 내 계좌까지 모두 확인할 수 있는 오픈뱅킹 서비스가 최근 인기였습니다. 마이데이터는 은행 계좌뿐만 아니라 제2금융권, 나아가 통신사나 빅테크 간편 결제 이용 정보까지 한 번에 모아볼 수 있도록 그 범위가 확장됐습니다.

그렇다면 이 서비스를 이용하면서 얻을 수 있는 장점은 어떤 것이 있을까요? 저도 그 부분이 궁금해서 직접 가입해봤습니다. 현재 시중은행을 비롯해 제2금융사들까지 마이데이터 서비스를 운영 중입니다. 그러므로 원하는 금융사를 선택하면 됩니다. 저는 제가 가장 자주 사용하는 주거래은행 뱅킹 앱에 접속해 가입 절차를 밟았습니다.

정보제공 동의만 다섯 차례 … 제공범위 신중히 판단해야

금융 앱에서 마이데이터 서비스 가입을 선택하고, 등록하고 싶은 데이터 기관들을 선택합니다. 은행과 페이, 증권, 카드, 보험과 더불어 통신사까지 있습니다. 저는 제가 이용했던 기관들을 하나하나 고르다 보니 무려 16곳이 선택됐습니다. 이들이 보유하고 있는 데이터를 불러 모으기 위해 '한번에 연결' 버튼을 눌렀습니다.

마이데이터의 핵심은 단어 그대로 '내 정보'입니다. 여러 금융사들이 보유하고 있던 내 정보를 한 번에 모으는 작업인 만큼 정보제공에 대한 동의를 얻는 절차만 다섯 단계를 거칩니다. 정보제공자와 전송을 요구하는 개인신용정보, 개인신용정보를 제공받는 자, 전송을 요구하는 목적 등이 설명된 동의서를 읽고 '동의' 버튼을 누릅니다. 이후 정보를 보유하거나 이용하는 기간에 대한 동의서도 등장합니다. 이렇게 세 차례 동의하고 난 뒤 보유하고 있는 인증서를 통해 인증을 진행하면 1차 연결 완료입니다.

이 절차를 거치면 내 은행 계좌와 페이 서비스, 카드, 통신사까지 내가 이용하고 있는 모든 기관들이 펼쳐집니다. 여기서 끝이 아닙니다. 상세 정보를 어디까지 전송할 것인지에 대한 질문이 이어집니다. 상품구매 카테고리 정보에 대한 수집을 동의하는지 여부와 가맹점명과 사업자등록번호 정보 수집 및 이용을 동의하는지, 정보 전송은 언제까지 허용할 것인지에 대한 동의 절차가 남았습니다. 물론 이 부분은 선택사항이라 동의하지 않아도 다음 단계로 넘어갈 수 있습니다.

이 부분에서 살짝 고민이 시작됩니다. 자기가 구매한 물건들의 카테고리, 그리고 가맹점명까지 데이터를 모두 모으게 되면 보안에 대한 우려는 없는지, 사생활이 너무 노출되는 것은 아닌지 등등 웬지 모를 불안감이 몰려옵니다. 사실 개인적으로는 이 단계에서 그냥 앱을 종료할까도 고민했지만, 서비스에 대한 궁금증도 높았고 이를 금융소비자들에게 전달하는 것도 제 역할이기에 우선 모든 항목에 동의했습니다. (과도한 정보 집적이 이뤄질 수 있으니 이 부분은 신중히 판단 후 동의해야 합니다.)

그런데 끝이 아닙니다. 동의 절차가 한 번 더 남았습니다. 신용 거래 정보가 어디까지 공유되는지 한 번 더 내역이 나옵니다. 수신 계좌와 카드 정보, 포인트 정보, 청구 및 결제 정보, 카드 대출 상품 정보, 선불 전자 지급 수단 정보, 통신 정보, 선불카드 정보 등이 있습니다. 여기까지 확인한 뒤 동의하고, 한 번 더 본인 인증을 거치면 정말 완료입니다.

시범 서비스 한계 … 가계부 기능 수준에 정확도 떨어져

과연 어떤 신비로운 서비스들이 펼쳐지길래 이렇게나 많은 동의 절차를 거쳐 여기까지 왔는지, 부푼 마음을 안고 드디어 마이데이터 서비스 가입을 완료했습니다. 저의 첫 마이데이터 만남의 평가는 '편리함, 그리고 아쉬움'이었습니다.

물론 서비스는 기존보다 다양하게 펼쳐집니다. 크게는 자산과 소비, 플랜 등으로 나누어집니다. 내가 선택한 모든 기관들의 데이터가 집계되어 자산이 얼마이고, 소비한 금액은 얼마인지 등이 나타납니다. 그리고 평소 어떤 카드를 가장 많이 사용하는지, 어떤 카테고리에서 소비하는지 등 세부 정보도 제공됩니다. (저는 가맹점명까지 공유를 동의했기 때문에 세부적인 카드 결제 내역도 포함됐습니다.) 조회에 대한 편리성은 있었지만 저의 솔직한 첫 느낌은 '디지털 가계부' 정도였습니다. 기존의 다양한 가계부 앱에서도 이런 기본 기능은 제공되기 때문입니다.

먼저 감안해야 할 점은 다음과 같습니다. 제가 기사 작성을 위해 이 서비스에 가입한 시기는 2021년 12월, 시범 서비스 기간입니다. 그렇다 보니 보험사나 증권사, 저축은행 등 아직 등록할 수 없는 기관들이 있어서 정확한 자산관리가 불가능했습니다. 다만 2023년 1월 기준 등록기관들이 꾸준히 확대되고 있고 저 역시 추가로 자산을 등록하면서 정확도를 높이고 있습니다. 현재는 이 서비스를 통해 잊고 있던 신협의 출자금 통장도 찾게 되었습니다.

다만 이렇게 집적된 정보들이 소비자들에게 조회의 편의성 외에 어떤 이점을 줄 수 있는지는 금융당국과 실제 사업자들의 보다 많은 고민이 필요해 보입니다. 현재 각 금융사들은 대출 갈아타기 서비스 등 마이데이터를 활용한 다양한 서비스 개발에 나선 상태입니다. 수많은 정보가 한데 모아진 만큼, 이에 걸맞은 실질적인 자산관리나 맞춤 서비스가 제공되어야 '활용도 0'인 앱으로 전락하는 불상사를 막을 수 있을 것으로 보입니다.

슬기로운 TIP

제가 가입했을 당시엔 시범 서비스 단계라 미흡한 부분들이 있었지만 그럼에도 불구하고 유용하다고 생각했던 서비스를 몇 가지 알려드리겠습니다. 우선 제가 가입한 은행의 마이데이터에서 제공하는 구독 서비스 현황 조회 서비스입니다. 최근 구독 서비스가 급격하게 늘면서 대체 정기구독료로 얼마를 쓰고 있는지 모르는 분들도 많습니다. 조회 가능한 업체만 확대된다면 마이데이터 서비스 내에서 활용도가 높아질 것으로 예상됩니다.

또 하나는 '지원금 확인 서비스'입니다. 기본 정보와 소득 등을 입력하면 받을 수 있는 정부 지원금을 안내해주는 서비스입니다. 소유 차량을 등록하면 차량 시세 정보를 제공하는 '자동차 서비스'와, 잔돈을 자동으로 모아주는 '소액 모으기' 서비스도 있습니다. 기본적인 자산 조회 외에, 내 데이터들을 바탕으로 유용하게 활용할 수 있는 부수적 서비스를 이용해보는 것도 추천합니다.

다만 앞서 언급했듯 과도한 정보의 집적은 오히려 피로도를 높일 수 있으니 공개 범위 설정에 대해 신중히 판단하고, 너무 많은 금융사의 마이데이터 중복 가입은 피하는 것이 좋습니다.

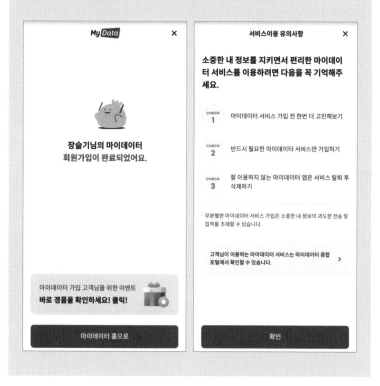

MS 대신 MAU로 싸운다

"요즘 누가 MS 경쟁하나요? 이제는 MAU죠."

금융권 경쟁 지표가 바뀌었습니다. 금융의 비대면화, 디지털화를 넘어 이제는 플랫폼화로 발전하면서 기존 시장점유율(Market Share, MS)로 '잘나가는 금융사'를 책정하던 시대는 지난 분위기입니다. 금융사들의 새로운 경쟁지표, 바로 월간 활성화 이용자수(Monthly Active Users, MAU)입니다. 플랫폼으로 진화하고 있는 금융사들의 전략에 대해 살펴보겠습니다.

400개 넘는 금융사 … 무한경쟁 시대

국내에는 수많은 금융사가 있습니다. 신한과 KB, 우리, 하나, NH농협 등 5대 시중은행을 비롯해 지방은행, 저축은행, 생명보험사와 손해보험사, 카드사와 캐피탈사, 여기에 금융투자회사까지 400개가 넘는 금융회사들이 국내에 있습니다. 상호금융사까지 더해지면 그 수는 훨씬 늘어날 것입니다.

이렇게 많은 금융사가 있다 보니 경쟁이 치열할 수밖에 없습니다. 반대로, 금융소비자들 역시 어떤 금융사를 이용할 것인지에 대한 고민이 있을 수밖에 없죠. 가장 먼저 고려하게 되는 부분은 바로 '자산 규모'입니다. 보통 '업계 1위'라는 명칭을 붙일 때 자산 규모를 비교하게 됩니다.

자산 규모가 크면 클수록 시장에서 차지하는 점유율 역시 높겠죠. 금융소비자들 역시 보다 믿음직한 금융사에 내 자산을 맡기기 위해 시장점유율, 즉 MS를 파악해보기도 합니다. 점유율을 산정하는 기준은 업권에 따라 다릅니다. 특히 상품 종류가 다양한 보험업권의 경우 보험종류별 신계약이나 보유기준에 따라 금융사별 점유율이 엎치락뒤치락하기도 합니다. 카드사는 그 회사의 카드를 얼마나 많은 소비자가 사용하는지가 지표가 되겠죠. 신용판매 규모가 점유율 지표로 사용됩니다.

금융사 입장에서 점유율은 매출은 물론 순익과도 직결됩니다. 동시에 소비자들에게는 금융사에 대한 믿음, "나 말고도 수많은 사람이 이 금융사를 이용하고 있다"는 심리적 안정감을 주는 효과도 있을 것입니다. 그래서 금융사들은 오늘도 치열하게 점유율 경쟁을 하고 있습니다.

순수 이용자 집계 'MAU'가 더 중요하다

그런데 최근 금융권에는 MS보다 더 자주 쓰이는 단어가 있습니다. 바로 월간 활성화 이용자 수, MAU입니다. MAU는 한 달 동안 해당 서비스를 이용한 순수한 이용자 수를 의미하는 지표입니다. 이 용어는 원래 게임별 인기 순위를 책정할 때 유저들의 현황 파악 지표로 사용됐는데, 빠른 디지털화로 인해 결국 금융권까지 안착했습니다.

왜 금융권에서 MAU가 새 지표로 쓰이고 있을까요? 바로 금융 앱의 '플랫폼화' 때문입니다. 그간 금융사들은 일반적으로 창구를 통한 오프라인 영업에 주력해왔는데, 비대면 시대가 도래하면서 금융 앱을 통한 온라인 거래가 활성화되기 시작했습니다. 특히 네이버와 카카오 등 플랫폼 서비스들이 금융권에 진출하기 시작하면서 금융권의 플랫폼 경쟁 신호탄을 터뜨렸습니다. 지점이 없는 인터넷은행의 출범도 MAU 경쟁을 더 부추긴 셈입니다.

이렇다 보니 금융사 입장에서는 상품 판매도 판매지만 일단 '우리 앱을 더 많이 설치하고, 더 많이 들어오게 해야 한다'는 것이 1차적인 전략으로 자리 잡았습니다. 단순히 판매실적으로 비교했던 기존 MS 지표보다, 이용자를 사로잡은 지표인 MAU가 더 중요해진 겁니다.

그렇다면 금융사들은 왜 MAU 경쟁에 사활을 걸고 있을까요? 먼저, MAU가 의미 있는 것은 '중복 집계'가 포함되지 않기 때문입니다. 예를 들어 한 사용자가 해당 앱을 여러 번 사용했다고 해도 이는 '한 명'으로만 집계됩니다. 말 그대로 '순수한 이용자 수'를 나타내기 때문에 그 경쟁력을 더 인정받을 수 있다는 강점이 있습니다.

MAU 경쟁력은 곧 플랫폼 경쟁력입니다. 실제 해당 금융사의 앱 이용자 수가 많다는 것은 장기적으로 매출과 직결되는 것은 물론, 앱에 탑재된 다양한 서비스를 통해 이 고객을 직접 만나지 않고도 장기고객, 충성고객으로 발전시킬 수 있는 '락인 효과'도 기대할 수 있기 때문입니다.

금융사, 플랫폼 혁신 속도 낸다

실제로 금융권의 MAU 경쟁은 상당히 치열합니다. 금융사들은 소비자들을 자사 앱으로 끌어들이기 위해 빠른 속도로 '플랫폼화'를 추진 중입니다. 금융서비스뿐만 아니라 다양한 생활서비스 등을 탑재해 금융 앱 하나만으로도 여러 업무를 볼 수 있게 하는 전략입니다. 최근 한 은행에서 여러 계좌 조회가 가능한 오픈뱅킹이 가능해진 것도 플랫폼화를 더 가속화했습니다.

이에 따라 MAU 1,000만 달성 금융사들도 늘기 시작합니다. 한 빅데이터 플랫폼에 따르면 지난해 상반기 기준 토스 MAU는 1,427만 명, 카카오뱅크 1,315만 명, KB국민은행 1,150만 명으로 높은 수준을 나타냅니다. 최근 뱅킹 앱을 개편한 신한은행도 MAU 1,000만 달성을 앞두고 있습니다.

국내에 8개나 있는 카드사들도 MAU 늘리기에 사활을 걸고 있습니다. 카드의 경우 소비자들이 직접 결제하는 지불수단이기 때문에 그 민감도가 더 높을 수밖에 없습니다. 이 때문에 비대면으로 바코드 등 결제가 가능하도록 한 앱 카드에 이어, 한 카드 앱에서 여러 카드사의 카드를 간편하게 결제할 수 있도록 하는 '오픈 페이'도 출시를 앞두고 있죠.

일단 앱으로 소비자를 끌어오기만 하면, 다양한 금융상품 비교

서비스나 추천까지 자연스럽게 가능해집니다. 실제로 메신저인 카카오톡의 경우에도 4,000만 명이라는 MAU를 달성한 이후 광고나 쇼핑 등의 다양한 콘텐츠를 접목해 수익을 내기도 했습니다.

소비자들은 금융 앱을 플랫폼처럼 활용할 수 있게 되었습니다. 금융 앱 설치 하나만으로 음식 주문에 커피 배달, 운세 보기, 중고 거래 등 다양한 부가서비스들이 가능해졌고, 그 서비스는 지금도 계속해서 늘고 있습니다. 금융 앱에서 이용자들을 더 오래 머물게 하기 위한 금융사들의 노력은 앞으로도 지속될 전망입니다.

슬기로운 TIP

빠른 플랫폼화로 금융사들의 경쟁 지표는 꾸준히 변화할 것으로 관측되고 있습니다. MAU 외에 'DAU' 역시 최근 금융권에서 자주 등장합니다. MAU가 월간 활성화 이용자 수를 나타낸다면 DAU(Daily Activity Users)는 일간 활성화 이용자 수, 즉 하루 동안 해당 서비스를 이용한 순수한 이용자 수를 의미하는 지표입니다. DAU 역시 MAU와 마찬가지로 한 명이 여러 번 앱을 방문하더라도 한 명으로 집계되는 숫자입니다. MAU보다 더 세밀한 정보들을 얻을 수 있기 때문에 금융사들은 최근 DAU 연구에 더 집중하기도 합니다.

MZ세대, 차 안 사고 빌린다

출퇴근용 세컨카가 필요하지만 당장 차를 구매할 목돈이 없던 김명선 씨. 적은 초기비용으로 이것 선택했다!

신차를 타고 싶은데 구매할 목돈이 없는 경우, 활용할 수 있는 금융상품이 있습니다. 바로 '리스(lease)'와 '렌트(rent)'입니다. 특히 최근에는 2030 MZ세대의 자동차 임대 이용이 크게 늘고 있습니다. 리스와 렌트 상품의 장점은 무엇인지 또 주의할 점은 없는지 자동차 임대서비스에 대해 분석해봤습니다.

리스와 렌트, 그 차이는?

보통 자동차 임대 시장을 이야기하면 렌트를 가장 먼저 떠올리죠. 그렇다면 리스와는 어떤 점이 다를까요? 먼저 렌트는 업체가 보유한 차량을 빌려주는 임대 상품, 리스는 차량을 빌려 사용할 수 있게 해주는 금융상품입니다.

두 가지 서비스 모두 자동차를 빌린다는 큰 틀에서는 같습니다. 렌트의 경우 차량과 함께 유지·보수 등 서비스를 모두 빌리는 개념을 의미합니다. 보험료도 서비스 이용 금액에 포함된 것이 특징입니다. 취등록세를 내지 않아도 되기 때문에 비용 절감 효과가 있습니다.

렌트는 주로 출장이나 여행을 갈 때 이용하는데요. 일정 기간 차량을 빌리는 임대차계약을 맺고, 차량 이용 후 반납을 전제로 하는 서비스입니다. 리스와 유사하게 장기간 빌리는 장기 렌트도 가능하지만 '허, 하, 호' 등으로 시작하는 번호판을 사용해야 한다는 점은 운전자들 사이에서 단점으로 꼽힙니다.

반대로 리스는 번호판에 있어서는 자유롭습니다. 또한 렌트와 달리 계약기간이 끝나면 차량을 매입해 내 차로 만들 수 있는 특징이 있습니다. 자동차 임대서비스를 제공하는 캐피탈사들은 계약 3년 뒤 신차 가격의 30% 정도를 잔가(잔존가치)로 봅니다. 이 금액을 내면 차량을 인수해 자기 소유로 할 수 있습니다. 다만 렌트와 달리 자동차보험을 별도로 가입해야 하는 만큼 유지비용은 더 들 수밖에 없습니다.

자동차 리스는 계약 형태에 따라 크게 운용리스와 금융리스로 구분되는데, 운용리스는 보증금과 기간 등을 사용자가 직접 선택하고, 리스 기간이 종료되면 인수와 반납, 재이용 등의 옵션을 선택해서 활용할 수 있습니다. 금융리스는 리스 기간이 끝날 때 리스 사용자가 자동차를 매입한다는 것을 전제로 한 서비스입니다.

2030세대, 온라인에서 전기차 리스한다

글로벌 리스와 렌트 시장은 2020년 기준 시장 규모가 271조 원에 달합니다. 2023년에는 476조 원으로 성장, 2030년까지 800조 원 이상을 차지할 것이라는 전망도 있습니다.

국내 역시 마찬가지입니다. 특히 최근에는 전기차에 대한 관심이 뜨거운데, 전기차 시장 역시 '리스'가 대세라는 분석이 나왔습니다. 캐피탈업계 1위인 현대캐피탈의 전기차 리스 현황을 분석한 결과 지난해 전기차 리스 비중은 2년 전보다 430배나 증가했습니다.

특히 온라인 이용자가 크게 늘었습니다. 채널별로 보면 이 기간 온라인은 35%, 오프라인은 18% 각각 이용이 증가했습니다. 온라인보다 다양한 가격 비교가 가능하고, 간편하게 이용이 가능하다는 점에서 활용도가 높아진 것으로 분석됩니다. 실제 2030세대의 온라인 리스 이용 비중은 전체의 30% 이상을 차지하는 것으로 나타났습니다.

그렇다면 인기 차종을 살펴볼까요? 리스 고객의 경우 렌트에 비해 고가 차량을 선호하는 것으로 나타났습니다. 신차 출시나 여름휴가 시즌 또 연말 연식 변경에 따른 자동차 구매 시점에서 상대적으로 부담이 덜한 임대 상품을 선택한 것으로 분석됩니다. 다만 초기비용에 대한 부담은 적지만 매월 내야 하는 이자에 대한 계획은 꼭 세워두는 게 좋습니다.

초기비용 부담 적어 … 신차 바꿔 탈 수도

2030 MZ세대들이 온라인을 통해 적극적으로 리스와 렌트 상

인기차종(2021년 기준)

순위	리스	렌트
1	G80	카니발
2	그랜저	아반떼
3	쏘렌토	그랜저
4	GV70	쏘렌토
5	아이오닉5	셀토스
6	셀토스	그랜저 HEV
7	K8	K5
8	카니발	G80
9	그랜저 HEV	K8
10	아반떼	쏘렌토 HEV

(출처: 현대캐피탈)

품을 활용하는 이유는 임대 상품의 경우 보증금과 선납금만 지불하면 되는 만큼 초기비용에 대한 부담을 덜 수 있기 때문입니다. 원하는 자동차를 필요한 만큼만 편리하게 이용하고, 또 교체까지 '쿨하게' 할 수 있다는 것이죠. 업계 관계자는 "리스와 렌트는 최근 MZ세대의 소비성향, 취향을 존중하는 방식과 맞아 떨어진다"고 설명했습니다.

특히 최근에는 온라인 플랫폼 서비스가 고도화되면서 간단하게 본인이 원하는 차량과 조건만 넣으면 월 납입금 산출이 가능하고 할부와 임대 상품의 견적 산출이 동시에 가능하기도 합니다. 2030세대가 온라인을 통해 자동차 임대서비스를 활용하는 이유입니다.

　다만 위에서 언급했듯 리스의 경우 본인이 직접 보험료를 내야 하고, 렌트의 경우 보험료가 월 이용 금액에 포함돼 있다는 특징이 있습니다. 렌트는 사고가 많이 났다고 해서 보험료율이 할증되지 않지만 반대로 리스의 경우에는 오롯이 본인의 역량에 달려 있습니다. 사고 이력 등으로 보험료를 많이 내야 하는 경우에는 렌트가 유리하다는 점도 재정계획에 반영할 수 있습니다.

슬기로운 TIP

자동차 리스를 활용할 때 주의할 점은 없을까요? 리스 상품은 금융사가 주관하는 만큼 '금융상품'에 해당됩니다. 개인 신용도를 평가할 때 렌트와 달리 개인 리스 비용이 장기간 대출로 잡힌다는 점도 고려해야 합니다. 신용등급에 영향을 줄 수 있다는 의미죠. 또한 리스는 주행거리에 제한이 있습니다. 정해진 약정 거리를 초과하면 별도 비용이 추가되기도 하므로 약정 거리를 꼭 확인해야 합니다. 장기 렌트의 경우에는 주행거리 제한이 없지만, 계약 기간을 다 채우지 못하고 해약하게 되면 위약금을 물어야 합니다.

두 서비스 모두 차종에 따라 가격이 달라집니다. 차종을 먼저 선택한 뒤 서비스를 이용하면 월별 이용 금액이 예상보다 높을 수 있기 때문에, 원하는 가격대를 정한 뒤 이에 맞는 차종을 선택하는 방식을 업계에서는 추천하고 있습니다. 업체별로 진행하는 할인 프로모션과 제공 서비스도 비교 항목입니다.

내 대출 상담해준 은행원, 사람이 아니다?

대출에 필요한 서류 등을 안내해주는 은행원, 자세히 보니 사람이 아니다?

인공지능(AI) 서비스가 금융권에도 본격 상륙했습니다. AI 기반의 가상 인간들이 TV 광고에 등장하기 시작한 데 이어, 이번에는 직접 금융 상담까지 맡게 됐습니다. 이제는 우리 생활 속에 함께하게 된 AI. 이번에는 AI와 만난 금융권, 금융소비자들에게는 어떤 영향을 줄지 짚어보도록 하겠습니다.

예적금 가입과 신용대출 신청도 AI 은행원과 함께

최근 한 시중은행이 AI 은행원 서비스를 크게 확대했습니다. 고객들의 업무 빈도수가 높은 입출금 통장 개설이나 예적금 통장 개설, 잔액 증명서에 신용대출 신청까지 최대 40여 개의 서비스가 AI를 통해 가능해진 것입니다.

이에 따라 소비자들은 영업점에서 직원을 기다릴 필요 없이 AI 은행원을 통해 보다 빠르게 금융업무를 볼 수 있게 됐습니다. 추가 상담이나 전문 상담이 필요한 경우에만 화상으로 직원과 연결하면 됩니다.

AI 기술은 금융사의 앱에도 접목됩니다. 소비자들의 금융 데이터와 투자성향 등을 분석해 맞춤 서비스를 제공하는 방식입니다. 실제 최근 여러 곳에 흩어져 있는 데이터를 한곳으로 모아주는 '마이데이터' 서비스가 본격화되면서 수많은 데이터를 기반으로 한 AI 상품·서비스 추천이 활발해졌습니다.

대출 진단도 가능합니다. 현재 적용받고 있는 금리와 한도 등을 AI가 분석해 더 나은 상품이 있는지 '갈아타기' 여부도 체크해주고, 내 보험 보장 중 어떤 것이 부족한지 분석까지 해줍니다.

데이터와 기술의 결합 … 금융서비스가 진화한다

이전까지는 AI를 활용한다고 하면 금융 상담 서비스에 접목시킨 '챗봇' 서비스가 대표적이었습니다. 각종 금융 앱에서 고객들이 자주 묻는 질문들을 데이터화해 실시간 채팅 상담을 AI가 대신해주는 형식이었습니다.

하지만 AI를 기반으로 한 서비스는 계속해서 진화합니다. 최근 챗GPT 열풍으로 AI의 한계는 과연 어디까지인지, 전 세계의 이목이 집중됐죠. 실제 사람 대신 AI가 수행할 수 있는 업무는 무한대로 늘어나고 있습니다. 어떻게 이런 일이 가능해졌을까요?

먼저 AI 상담원이 등장할 수 있었던 것은 고객들의 데이터와 함께 영상 합성, 음성 인식 기술이 결합한 결과입니다. 그간 금융사들이 축적한 수많은 데이터가 있겠죠. 여기에 초 고도화된 시각, 청각적 기술까지 더해져 AI가 직접 소비자들에게 보다 빠르고 간편한 서비스를 제공하게 된 것입니다.

특히 최근 금융사들은 '딥러닝' 기술을 고도화하고 있는데, 딥러닝이란 복잡하게 얽힌 사람의 뇌 속 신경망 구조를 모방한 방법으로 수많은 데이터에서 일정한 패턴을 발견해 사물을 빠르게 구분하는 원리를 활용한 방식입니다. 데이터 학습이 지속될수록 그 능력치 역시 무한대로 펼쳐질 가능성이 있다는 의미입니다.

'신속·간편'이 대세 … 고령층 서비스는 '과제'

AI가 대신하는 금융서비스가 늘게 된다면, 소비자 입장에서는 금융사 점포에 방문하지 않아도 금융 앱만으로 가능한 비대면 서비스가 굉장히 많아집니다. 영업점 문 닫는 시간을 고려할 필요 없이 24시간 서비스가 가능해지게 됩니다.

이미 주변에는 수년간 금융사를 방문하지 않은 소비자들이 꽤 많습니다. 웬만한 기본 업무는 비대면으로 가능해졌기 때문입니다. 여기에 AI 기술이 발전해 향후 섬세한 자산관리까지 도맡게 된다면, 사실상 은행원과 영업점은 설 자리가 점점 사라지게 될 것입니다.

이 같은 기술의 발전으로 디지털 기반의 특화 영업점은 보다 확대되는 반면, 사람 중심으로 이뤄지던 일반 은행 점포의 통폐합은 더욱 속도를 낼 전망입니다. 실제 지난해에만 331개의 은행이

문을 닫았습니다.

하지만 이에 따른 고령층의 불편함을 채우는 부분도 금융권의 과제로 떠오릅니다. 디지털 기기나 AI 기술 활용이 어려운 취약계층에는 기술보다는 아직 '친절한 사람'이 더 필요하기 때문입니다.

이 때문에 대면 채널과 비대면 채널의 공존은 긴 시간 더 이어질 전망입니다. 현재 모든 금융권들이 디지털 전환에 속도를 내고 있지만, '투 트랙' 체제를 어떻게 실효성 있게 끌어갈지도 중요 포인트입니다.

슬기로운 TIP

AI 기술을 접목한 다양한 금융서비스들. 과연 어떤 서비스까지 가능해졌을까요? 최근 금융사들이 제공하고 있는 AI 기반 서비스들을 안내해드립니다.

• 신한은행의 디지털 특화 점포 디지로그 브랜치에서는 AI 은행원을 만날 수 있습니다. AI 은행원을 통해 통장 개설과 대출 신청까지 금융업무를 빠르게 볼 수 있는 특징이 있습니다. KB국민은행도 AI 체험 존을 통해 AI 상담사를 도입했는데, 이를 업그레이드해 순차적으로 확대 적용한다는 계획입니다.

• BNK경남은행은 AI 부동산 서비스를 출시합니다. AI 기술을 기반으로 아파트와 주택 등 맞춤형 부동산 정보를 추천합니다. 전국의 청약 정보와 등기 변동 내역 등도 실시간으로 안내받을 수 있습니다.

• 하나은행은 AI를 활용해 대출한도를 산출하는 AI 대출을 선보였습니다. 하나은행이 개발한 대출한도 모형에 데이터를 스스로 학습하는 머신러닝을 적용, 대출한도를 산출하는 방식입니다. 여기

에 소비자의 경험을 실시간으로 피드백해 주는 '손님 경험 실시간 피드백'에도 AI 기법을 접목했습니다.

- 우리은행이 선보인 'AI 시장 예측 시스템'은 AI가 과거 누적된 각종 시장과 경제지표를 분석, 시장을 예측하고 각종 금융상품을 분석해 트렌드에 최적화된 상품을 추천하는 등 고객에게 맞춤형 투자전략을 제안하는 서비스입니다.

[사진 제공: 신한은행]

'혜자 카드' 사라지고 'PLCC' 쏟아진 이유

배달 음식을 즐겨 먹는 사람이라면 배민 카드, 밥보다 커피를 더 많이 마신다면 스타벅스 카드.

최근 가장 '핫한' 신용카드들입니다. 이미 한 장씩 가지고 계신 분들도 있겠죠. 카드사와 기업체가 협업해 발급하는 상업자 표시 신용카드(Private Label Credit Card), 업계에서는 이를 줄여 PLCC라고 부릅니다. 위에서 언급한 배민 카드와 스타벅스 카드 외에도 무신사 카드와 커피빈 카드, 메리어트 카드, 지인 인테리어 카드 등 수많은 PLCC가 쏟아지고 있습니다. 업계에서도, 그리고 소비자들도 많은 관심을 갖고 있는 PLCC. 대체 어떤 카드인지, 이 카드들이 쏟아져 나오게 된 배경은 무엇인지 샅샅이 파헤쳐 봤습니다.

PLCC와 제휴카드, 대체 차이점이 뭐야?

"아니, 제휴카드라고 부르면 되지. 군이 왜 이렇게 어렵게 PLCC라고 하죠? 입에도 안 붙는데…."

취재 중 제가 한 카드사 직원에게 던진 첫 질문입니다. 기존에도 카드사들은 유통사 등 기업체들과 제휴를 맺어 수많은 제휴카드를 출시했죠. 통신사 제휴카드나 대형마트 제휴카드, 주유소 제휴카드 등이 대표적입니다.

하지만 PLCC와 일반 제휴카드는 구조가 엄연히 달랐습니다. PLCC와 제휴카드를 구분하는 가장 빠른 방법은 카드 이름을 살펴보는 것입니다. 보통 PLCC라고 하는 카드는 주로 카드사가 아닌 업체의 이름을 대표 명칭으로 부릅니다. 가장 많이 언급한 배민 카드와 스타벅스 카드를 예로 들어보겠습니다. 이 두 카드는 현대카드가 배달의 민족, 스타벅스와 협업해 출시한 PLCC입니다. 정확한 명칭은 '배민 현대카드', '스타벅스 현대카드'입니다. 카드를 발급한 곳은 현대카드인데 주로 유통사 이름이 카드 이름 앞쪽에 붙습니다. 이 때문에 사실상 현대는 빼고 배민 카드, 스벅 카드로 부르기도 합니다.

간혹 일반 제휴카드인데도 협업한 업체의 이름이 앞에 오는 경우도 있는데요, 이 경우 한 업체가 여러 카드사와 제휴했는지 1:1로 독점 계약을 했는지 여부로 확인할 수 있습니다. 일반 제휴카드를 예로 들어보면, 정수기 렌탈 혜택을 받기 위해 '쿠쿠 할인 카드'를 검색했을 때 쿠쿠 롯데카드와 함께 쿠쿠 하나카드, 쿠쿠 국민카드, 쿠쿠 우리카드 등 다양한 카드사가 등장합니다. 여러 카드사와 제휴를 한 형태죠. 이 경우 PLCC라는 개념보다는 제휴카드라는 개념을 적용하게 됩니다. 하지만 PLCC는 일반적으로 한 카드사와 한 기업이 독점으로 계약해 마케팅까지 함께 협업하는 형태입니다.

수익 구조에도 특성이 있습니다. 한 기업이 여러 카드사와 제휴해 혜택을 주는 일반 제휴카드와는 달리 PLCC는 한 기업과 한 카드사가 협업해 만드는 만큼 수익을 공유합니다. 카드사 입장에서는 해당 기업의 충성고객을 카드사 회원으로 유치할 수 있다는 장점과 함께, 수익을 공유하는 해당 기업에서 카드 마케팅까지 직접 나서기 때문에 비용을 절감할 수 있다는 효과가 있습니다.

PLCC 쏟아지는데 … "뭐지, 이 허전함은?"

이처럼 비용을 절감할 수 있는 PLCC가 쏟아지는 데도 불구하고 카드사들은 좀처럼 웃지 못합니다. 이유가 뭘까요? '핫한' 카드로 급부상한 분위기와는 달리, 생각보다 '잘 팔리는 카드'는 아니기 때문입니다. 아직은 일반 범용 카드가 더 우세하다는 의미입니다.

카드업계 출입인 저는 종종 "요즘 어떤 카드가 좋아?"라는 질문을 많이 받는데요. '어떤 카드가 좋냐?'는 질문에는 '어떤 카드가 많은 가맹점에서 할인도 많이 해주고 포인트 적립도 많이 해주냐?'는 의미가 내재해 있습니다.

이런 경우 일반적으로 한 가맹점에서만 특화 혜택을 제공하는 PLCC를 추천하진 않죠. PLCC는 밥 먹을 때, 커피 마실 때, 여행 갈 때, 영화 볼 때 등등 모든 가맹점에서 엄청난 혜택을 주지는 않습니다. 한 기업에 특화된 카드이기 때문입니다. 이 때문에 PLCC는 발급량에서도 일반 범용 카드와 차이가 날 수밖에 없습니다.

실제 카드 포털 사이트 '카드고릴라'의 인기 카드 차트를 보면, 2022년 상반기 기준으로 '어디서든 조건 없이 할인해주는' 현대카드 ZERO가 1위를 차지한 바 있습니다. 아직도 소비자들은 한 곳에서 특화된 혜택을 제공하는 카드보다 어디서는 혜택을 받을 수 있는 무조건 카드에 더 관심이 높은 것으로 분석됩니다.

'혜자 카드'는 이제 못 만나?

그렇다면 여러 곳에서 좋은 혜택을 받을 수 있는 일명 '혜자 카드', 이런 혜자 카드를 카드사가 만들어주면 안 될까요? 아쉽게도 쉽지 않을 것 같습니다. 여기엔 또 다른 원인이 있습니다. 카드사들의 주 수익원은 바로 가맹점 수수료입니다. 신용카드는 말 그대로 현금을 내지 않고 신용을 담보로 외상을 해주는 결제 수단입니다. 그 대가로 카드사들은 카드가맹점에 수수료를 받게 되죠. 이 수수료율은 자영업자들의 부담을 줄인다는 이유로 지난 2007년부터 10차례 이상 인하돼 왔습니다. 매년 정치권에서 표심을 얻기 위한 정책으로 사용해왔던 것도 영향을 쳤습니다. 그 결과 국내 전체 가맹점 약 270만 개 중 80%는 0.5%의 우대 수수료율을 적용받고 있습니다.

수수료율이 지속적으로 인하됐다는 것은 카드사들의 수수료 수익도 그만큼 줄었다는 걸 의미합니다. 하지만 카드사들도 수익을 목적으로 하는 금융회사입니다. 돈을 벌어야겠죠. 카드사들이 선택한 수익 보전 방안은 바로 '마케팅 비용 절감'입니다. 허리띠를 졸라매는 방식입니다. 지금쯤이면 왜 소비자들이 '혜자 카드'

를 만날 수 없게 됐는지 이해할 수 있을 겁니다.

우리가 즐겨 쓰는 무이자 할부와 포인트 적립, 할인 혜택, 바우처 등 이 모든 것들은 카드사들이 비용을 들여 만드는 부가서비스입니다. 비용을 줄이게 되면 당연히 이런 서비스들이 사라지게 되겠죠. 혜택이 넘쳐났던 추억의 그 신용카드들, 이제는 정말 추억으로만 남겨두게 될 수도 있습니다.

슬기로운 TIP

메인 신용카드 외에 PLCC를 추가로 발급받은 경우, "스타벅스 갈 때만 스타벅스 카드 꺼내 써야지~"라고 생각한다면 오산입니다. "오랜만에 호텔 왔는데 메리어트 카드지~" 하며 1년에 한 번 꺼낸다면 그것도 좌절의 지름길이죠. PLCC 역시 일반 신용카드처럼 '전월 실적' 기준이 있습니다.

말 그대로 전월에 일정 금액 이상 해당 카드를 사용한 실적이 있어야 해당 월에 온전한 혜택을 받을 수 있습니다. 예를 들어 스타벅스 카드의 경우 '전월 실적 30만 원 이상'이어야 해당 카드에 탑재된 혜택을 제공해줍니다. 스타벅스 갈 때만 꺼내 썼는데 다음 달에 확인해보니 전월 실적이 29만 9천 원이라면 정작 받을 수 있는 혜택은 없습니다. "내가 대체 이 카드를 왜 만들었지"라는 슬픈 딜레마에 빠지게 될 겁니다. 평소 30만 원, 또는 50만 원을 해당 업체에서 쓰는지 소비 패턴을 꼭 확인한 후 발급받거나, 메인 카드와 사용처를 나눠 전월 실적 기준을 채우며 사용하는 방식을 추천드립니다.

'이것' 모았더니 "꽤 짭짤하네"

"잔돈, 이제 버리지 마세요."

　고공행진하는 물가 때문에 10원짜리 동전은 만져본 지 오래. 카드나 간편결제 등 결제 수단 역시 다양화되면서 100원짜리 동전도 잘 사용하지 않게 됐죠. 이제는 생소해진 '잔돈'이라는 개념, 하지만 금융권은 이 잔돈을 틈새시장으로 활용하고 있습니다. 티끌은 모아봤자 티끌 수준이라는 지적이 있지만, 생각보다 쏠쏠한 재미를 느낄 수 있는 잔돈 모으기. 사실 모은다는 행위 자체가 귀찮을 뿐이지, 누군가 자동으로 모아서 불려 준다고 하면 마다할 이유는 없습니다. 과연 어떤 서비스들이 있는지 알아보겠습니다.

1년 모아 투자했더니 수익률 약 3%

잔돈 모으기의 대표 격이라 할 수 있는 카카오페이의 '동전 모으기' 서비스. 3,500만 명에 달하는 사람들이 카카오페이를 이용하는 만큼 가장 널리 알려진 서비스입니다. 카카오페이로 결제한 금액 중 1,000원 미만의 잔액이 남으면, 카카오페이증권을 통해 원하는 펀드에 투자해주는 방식입니다. 이 서비스의 강점은 '자동투자'입니다. 소비자가 한 푼씩 모아 직접 투자해야 하는 번거로움을 없앴습니다.

저 역시도 카카오페이를 통한 결제 빈도가 높아 올 초부터 이 서비스를 시작했습니다. 먼저 투자자의 투자성향을 파악하기 위한 몇 가지 질문을 거치면 원하는 펀드를 선택할 수 있습니다. (저는 유망 IT에 투자하는 펀드를 선택해봤습니다.) 이후 카카오페이로 결제한 후 건당 백 원 단위 또는 십 원 단위의 잔돈이 남으면 해당 펀드로 자동 투자됩니다.

저의 첫 투자금은 464원, 두 번째 투자금은 74원이었습니다. 카카오페이 결제 후 리워드로 받은 1원 단위까지도 선택한 펀드에 자동 투자됩니다. 약 1년간 잔돈을 모은 결과, 2021년 11월 29일 기준 현재 저의 총자산은 3만 5,942원입니다. 수익금은 1,295원, 수익률은 3.74%였습니다. 사실 수익금과 총자산만 보면 큰 규모는 아니지만, 그간 '없는 돈'으로 쳤던 잔돈들이 '쓸 수 있는 돈'이 된 셈입니다. (아쉽게도 2022년 들어 증시 변동성 확대로 결국 수익률은 마이너스로 돌아섰습니다. 적은 돈이라도 펀드 투자는 항상 유의합시다.)

금융권, 잔돈 모으기 '열풍'

별것 아닌 것 같으면서도 모아놓고 보면 꽤 쏠쏠한 잔돈. 모으는 재미에 대한 입소문이 퍼지자 금융권도 잔돈을 활용한 다양한 서비스들을 내놓았습니다. 현재 국내 인터넷 은행을 비롯해 시중은행들도 1,000원 미만의 남는 잔돈을 펀드에 자동 투자해주거나, 1,000원 단위의 소액도 투자할 수 있는 상품을 운용 중입니다.

계좌에 남는 잔돈을 모으는 것뿐만 아니라, 체크카드를 사용할 때 남은 잔돈을 모아주는 서비스도 있습니다. 만약 적은 돈이라도 투자에 따른 손실이 우려된다면, 잔돈을 안전하게 적금 상품으로 자동 입금해주는 상품도 있으니 활용하셔도 좋습니다. 대부분의 시중은행에서 서비스를 제공 중이니 주거래은행에 확인해 간편하게 이용이 가능합니다.

만약 소액이지만 좀 더 과감하게 투자해보고 싶다면, 신한카드 이용자라면 카드 결제 후 남은 자투리 금액 또는 소비자가 정한 일정 금액을 지정된 해외주식에 투자해주는 서비스를 이용할 수 있습니다. 아마존이나 애플 등 인기 해외주식을 0.01주 단위로 매매할 수 있는 것이 특징입니다.

잔돈 모으기 서비스는 금융사의 입장에서 사실 '돈이 되는' 서비스는 아닙니다. 그런데도 금융사들이 잇따라 이 서비스를 내놓고 있는 것은 고객 확보 차원일 것입니다. 특히 사회 초년생이나 직장인이 주 타깃층인 만큼 이들을 대상으로 한 프로모션(리워드, 포인트 적립 등)이 함께 진행되는 경우가 많습니다. 각종 프로모션 혜택까지 비교해 더 유리한 금융사 혹은 핀테크사를 선택하는 것도 방법입니다.

특히 펀드나 주식투자가 처음인 금융 초보자들에게 잔돈 모으기 서비스는 부담 없이 소액부터 체험해볼 수 있는 길잡이 역할을 하기도 합니다. 본격 투자에 앞서 소액으로 펀드나 주식투자 등 자금 운용법을 이 서비스를 통해 미리 체험하고, 펀드 수익률 등을 파악해보는 방안도 추천합니다.

내 자녀 통장 만들 때 챙겨야 할 것들

어렸을 때부터 시작해야 하는 금융 교육. 자녀를 위한 금융 교육의 첫걸음으로 계좌를 개설해주는 부모가 늘고 있고, 그 시기 역시 빨라지고 있다. 자녀의 은행 계좌를 개설해주기 위해 챙겨야 할 것들은 무엇일까?

이번에는 실제 저의 체험기를 다뤄보려고 합니다. 모든 부모들의 관심사, 바로 자녀의 '첫 계좌'입니다. 아이가 어렸을 때부터 받은 용돈들을 모아주기 위해 직접 자녀의 은행 계좌를 개설해주는 부모들이 많습니다. 특히 최근에는 주식을 선물해주는 사례도 늘고 있어 자녀들의 증권 계좌 개설에 대한 부모들의 관심도 높죠. 하지만 아직 미성년인 자녀의 첫 금융 시작은 생각보다 챙겨야 할 것들이 더 많습니다. 부모들이 자녀의 금융 시작을 돕기 위해 체크해야 할 사항들을 정리해봤습니다.

만 14세 미만 자녀라면 은행 창구로

코로나19 장기화와 언택트 문화 확산으로 비대면 금융거래를 하는 사람들이 늘고 있습니다. 계좌 역시 비대면 본인 확인을 통해 뱅킹 앱으로 개설하는 사례가 많습니다. 저는 4살 아들의 첫 은행 계좌를 만들어주기 위해 은행 창구와 뱅킹 앱, 이렇게 두 가지 채널을 알아봤습니다. 비대면으로 계좌 개설이 가능하면 직접 방문 없이 온라인으로 진행해보려 했습니다.

하지만 엄밀히 말하면 계좌를 만들어주는 엄마는 해당 계좌의 주인이 아니고 사실상 '대리인'이죠. 이 때문에 자녀의 계좌를 부모가 비대면으로 개설해주는 것에는 아직 제약이 많았습니다. 본인 확인을 할 수 있는 절차가 복잡하기 때문입니다. 만 14세 이상 청소년들은 직접 본인이 은행을 방문하거나 뱅킹 앱을 통한 계좌 개설도 대리인 없이 가능합니다. 하지만 14세 미만이라면 대리인인 부모가 직접 은행 창구를 방문해야 합니다.

14세 이상인 청소년들은 신분증이 아직 없지만 청소년증이 있습니다. 현행법상 청소년증이 신분증의 역할을 대신할 순 없지만, 기본증명서라는 서류와 청소년증을 함께 구비하면 본인 확인을 대신할 수 있어 뱅킹 앱으로도 계좌 개설이 가능합니다. 최근 일부 인터넷 은행은 청소년 전용 뱅킹 앱을 출시해 청소년들의 편의성을 높였다는 평가를 받기도 했습니다.

은행 가기 전 '이것' 꼭 챙겨야 한다

아직 4살인 아들을 둔 저는 결국 직접 은행에 방문해야 했습니다. 은행 방문 전, 먼저 고객센터에 필요 서류들을 문의했습니다. 생각보다 챙겨야 할 서류가 많았습니다. 미성년 자녀 명의의 기본증명서(특정 또는 상세), 미성년 자녀 명의 또는 친권자 기준 가족관계증명서(상세), 친권자의 신분증입니다. 괄호 안의 '상세'는 서류의 종류이니 발급할 때 꼭 체크해야 합니다.

또 하나의 필수 준비물은 도장입니다. 자녀의 통장을 만들 때 일반 통장처럼 서명은 불가능합니다. 다만 자녀의 도장이 없다면 부모의 도장으로도 개설은 가능합니다. 최근 엄마들이 아이를 낳은 후 탯줄을 보관해 놨다가 탯줄 도장을 만들어주는 사례가 많은데 해당 도장을 이때 사용하면 될 것 같습니다.

생각보다 준비해야 할 서류들이 많고, 실수로 잘못된 서류를 준비해 가는 부모들이 종종 있어 은행을 수차례 방문하는 경우도 있다고 합니다. 위에서 언급한 기본증명서, 가족관계증명서는 은행 방문 시점에서 3개월 이내 발급분이어야 가능하고, 중요한 것은 주민등록번호 전체가 표기된 서류로 발급해야 합니다. 종종 별표(**)로 주민번호가 일부 가려진 서류가 있는데 이를 잘못 발급하면 두 번 은행에 방문해야 하는 불편함을 겪게 됩니다.

해당 서류를 구비해 은행 창구를 방문하면 금융거래목적확인서 등 기초 서류를 작성하고 통장 발급이 진행됩니다. 최근 보이스피싱 등 금융 사기에 따른 통장 개설 절차가 복잡해져 이전보다 체크해야 할 항목들이 늘었습니다. 통장이 만들어지면 직원의 안내에 따라 자녀 명의의 인터넷뱅킹 서비스도 가입이 가능합니다.

증권 계좌도 은행에서 개설 가능

최근에는 자녀에게 주식을 선물하는 사례도 늘고 있어 증권 계좌 개설에 대한 부모들의 관심도 높습니다. 은행에 들렀다 증권사까지 다시 방문해야 할까요? 다행히 최근에는 직접 증권사에 방문할 필요 없이 은행에서도 가능해졌습니다.

저는 증권 계좌를 따로 개설해주지 않았지만 최근 은행 계좌 개설과 함께 증권 연결 계좌까지 함께 '세트'로 만드는 부모들이 늘었다고 합니다. 은행별로 계좌 개설이 가능한 증권사는 상이하니 꼭 지점에 문의하시는 게 좋습니다.

은행 계좌나 증권 계좌 두 가지 모두 은행 창구에서 개설이 가능하지만, 개설 후 인터넷뱅킹이나 HTS 등을 사용하려면 개별적으로 홈페이지 가입 등의 절차를 거쳐야 합니다. 자녀 명의로 계좌가 개설되는 만큼 공인인증서 역시 자녀의 것으로 발급받아야 하겠죠. 미성년 자녀의 계좌를 운용하려면 홈페이지 등을 통해 공인인증서를 따로 발급받고, 부모의 스마트폰에 옮겨 거래하면 됩니다.

금융상품 가입만큼 만만치 않은 것이 있는데, 바로 '해지'입니다. 자녀의 명의로 예적금 통장을 만들어 줬다가 해지하는 경우, 해당 계좌 안에 있는 금액에 따라 해지 기준이 달라집니다. 금액 기준은 '500만 원'입니다. 만약 미성년 자녀의 계좌 안에 500만 원 이상의 금액이 있을 경우, 부모 중 한 사람만 방문해서는 해지가 불가능하고 '꼭 부모가 모두 방문해 양쪽 동의를 받아야' 해지가 가능하다고 합니다. 부모의 이혼 등으로 인한 자녀의 예적금 편취 문제를 예방하기 위한 차원이라는 게 은행의 설명입니다.

그리고 미성년 자녀에게 사주는 주식은 증여세 부과 대상입니다. 다만 자녀 명의의 계좌를 개설한 뒤 해당 계좌를 통해 주식선물을 한다면 10년마다 2,000만 원까지는 비과세 혜택을 받을 수 있습니다. 자녀가 태어나자마자 주식을 사면, 스무 살 무렵 총 4,000만 원까지는 세금 없이 물려줄 수 있는 셈입니다.

아버지에게 1만 원짜리 보험을 선물했다

요즘 MZ세대들 사이에서 핫하다는 미니보험 선물하기. MZ세대 근처라도 가보자는 마음에 직접 홈페이지에 접속해 아버지를 위한 보험 선물을 시도해봤다. 가입에 걸린 시간은 약 5분 내외. 생각했던 것보다 보장 금액은 적었지만, 저렴한 가격에 1년간 유효한 선물을 해드린다는 생각에 커피 쿠폰보다는 선물하는 뿌듯함이 더 컸다.

보험업계 새 트렌드로 떠오른 상품은 바로 소액단기보험상품, '미니보험'입니다. 최근 보험사들이 너도나도 미니보험을 쏟아내고 있고, 그만큼 보험료도 점점 저렴해지고 있습니다. 생각했던 것보다 종류가 다양했고 가입 역시 매우 간단했던 미니보험, 실제 미니보험 선물 체험기를 풀어보겠습니다.

부모님 주민번호 몰라도 보험 선물 가능

미니보험은 보통 보험료 1만 원 이내, 보장기간 1년 이내의 보험으로 소액단기보험으로 불립니다. 카카오톡의 보험 선물하기가 중단되면서, 각 보험사들이 운영하는 온라인 홈페이지들을 찾아봤습니다. 최근 트렌드에 맞춰 대부분의 보험사들이 미니보험을 판매 중에 있었습니다. 그중 한 보험사에서 판매 중인 부모님 안심 보험을 발견하게 됐고, 주요 보장내역들을 살펴봤습니다.

온라인에서 가입하는 미니보험의 첫 번째 특징은 바로 가입이 간편하다는 점입니다. 실제 부모님의 이름과 주민번호를 입력하지 않아도 제 정보 하나만으로 간편하게 선물이 가능했습니다. 부모님 보험 선물이라는 특성상, 피보험자가 저의 직계가족으로 자동 설정이 되는 편리함이 있었습니다. 온라인상에서 약관을 확인하고, 주요 질문에 체크한 뒤 결제만 하면 보험 선물하기가 완료됩니다. 결제방식 역시 간편결제부터 카드까지 다양하게 가능합니다. 가입 완료까지 걸린 시간은 5분 내외였습니다. 저는 1만 원으로 1년간 화상, 골절 수술비 등을 보장하는 부모님 보험을 선물했습니다.

미니보험의 또 다른 장점은 바로 보험료가 저렴하다는 점입니다. 다만 저렴한 보험료만큼 보장 금액이 크진 않습니다. 수술이나 상해 등으로 인한 보장은 모두 20~30만 원 수준으로 '보이스피싱 피해 보장' 담보도 포함돼 있었는데 보장 한도는 100만 원이었습니다. 보이스피싱 피해를 제외하고 실제 사고가 발생했을 때 병원비로는 턱없이 부족한 수준이지만, 연 1만 원이라는 저렴한 보험료 때문에 전혀 부담은 없었습니다. 게다가 실손보험에 가입돼 있어도 중복으로 수술비 보장을 받을 수 있다는 것이 선물을 결심하게 된 가장 큰 이유이기도 합니다.

다만 미니보험은 말 그대로 '미니'입니다. 가입 기간인 1년이 지나면 효력은 사라집니다. 보장내역도 한정돼 있고 보장 금액 역시 크지 않아 '주 보험'이 될 순 없지만 정말 만약을 대비한, '있어도 되고 없어도 그만'인 보조용 보험으로 선물하기엔 충분했습니다. 또한 1만 원이라는 가격으로 상대방을 1년간 케어해준다는 뿌듯함이 보험을 선물하는 장점으로 느껴졌습니다. 추후 보험금을 청구할 때는 자녀인 제가 직접 가족관계증명서와 함께 필요 서류를 촬영해 앱으로 간편하게 청구할 수 있습니다.

990원으로 4,000만 원까지 보장되는 보험도 있다

미니보험을 취재하던 중 '과연 얼마까지 저렴한 보험이 있을까?'라는 생각이 문득 들어 미니보험을 샅샅이 뒤져봤습니다. 그중 발견한 990원짜리 운전자보험. 월 990원에 교통상해사망과 후유장해, 자동차 사고 변호사 선임 비용까지 보장해주는 미니보험도 있었습니다. 30대 여성 기준으로 조회해보니 해당 담보는 각각 4,100만 원, 500만 원까지 보장이 가능했습니다. 이외에도 월 3,000원 이내 보험료의 저렴한 운전자보험도 상당히 많았습니다. 물론 설계사를 거치지 않고 직접 가입하는 다이렉트(인터넷) 전용 상품인 만큼 온라인에서만 가입 가능합니다.

월 5,000원에 운전자보험과 여행, 골프, 레저활동 중 발생하는 사고까지 보장해주는 미니보험도 있습니다. 물론 앞에서 언급한 대로 보험료가 1만 원이 넘는 상품과는 보장 금액에서 차이가 있지만 상대적으로 보험금 청구가 많지 않은, 사고 발생률이 적은 가입자 입장에서는 고려해볼 만한 수준이었습니다.

종류 역시 다양합니다. 미니보험의 시초로 알려진 여행자보험은 여행 기간에 맞춰 보험에 가입해두면 여행 중 발생한 사고나 휴대폰 분실 등을 보장받을 수 있습니다. 보험료 역시 원하는 기간만큼만 설정한 뒤 납입하면 되기 때문에 대부분 저렴한 수준입니다. 최근에는 여행자보험에서 발전해 레저보험(골프보험, 등산보험 등)과 펫보험까지 다양한 형태로 출시되고 있습니다. 소액단기전문 보험사 설립 문턱을 낮추는「보험업법 시행령」개정안까지 통과되면서 이르면 내년에는 미니보험만을 전문으로 판매하는 보험사들도 설립될 전망입니다.

돈 안 돼도 보험사들이 파는 이유

다들 느끼셨겠지만, 미니보험을 취재하면서 가장 의문이었던 점은 '과연 돈이 될까?'였습니다. 보통 금융사들은 손해 보는 장사는 안 한다고 하는데 과연 월 990원짜리 보험이, 연 1만 원짜리 보험이 보험사 입장에서 돈이 되는지, 보험사에 직접 물어보니 돌아오는 답변은 '당연히 (돈이) 안 된다'였습니다. 연 1만 원짜리 보험에 가입한 고객이 1년 안에 20만 원의 보험금을 받는다고 해도 보험사 입장에서는 손해이기 때문입니다.

그럼에도 불구하고 보험사들이 앞다퉈 미니보험을 출시하는 이유는 무엇일까요? 가장 많은 답변으로 돌아온 것은 '잠재고객 확보'였습니다. 보험이라는 상품은 장기인 데다 원금이 보장되는 상품이 아니라 부정적인 시각이 많죠. 실제로 금융권 민원의 절반 이상은 보험업권에서 발생합니다.

이런 부정적 시각 때문에 과거 보험에 가입했던 분들을 제외한 보험 신계약은 점점 줄어드는 추세입니다. 보험사들 입장에서는 이제 막 성인이 된 MZ세대들을 고객으로 끌어와야 하는데, 이를 위한 가장 좋은 수단으로 저렴하고 간편한 미니보험을 선택한 것입니다.

실제 보험업계에서는 아주 저렴한 미니보험을 'DB용'이라고 표현하는 경우가 많습니다. 저렴한 미니보험으로 고객의 DB(데이터베이스)를 확보, 충성고객으로 발전시키는 데 활용한다는 의미입니다. 하지만 당장 소비자 입장만 놓고 봤을 때는 상품 선택권이 확대되는 만큼, 미니보험 시장의 활성화는 긍정적인 효과가 더 많다고 보여집니다. 충성고객으로 발전할지 아닐지는 고객의 선택인 만큼 보험사의 노력도 당연히 수반되어야 합니다.

슬기로운 TIP

온라인상에서 간편하게 가입하는 보험이라고 해도 보험은 보험입니다. 약관을 꼼꼼히 확인하고 상품설명서 등을 챙겨두는 것은 필수입니다. 온라인에서 가입하는 보험인 만큼 약관과 상품설명서는 PDF 파일 형태로 제공되거나, 이메일로 받을 수 있도록 돼 있습니다. PC나 스마트폰에 꼭 저장한 뒤 추후 분쟁이 없도록 꼼꼼히 확인해야 합니다.

그리고 미니보험 형태로 판매되는 보험은 저축성 보험을 제외하고는 대부분 환급금이 없는 보장성 보험입니다. 예를 들어 제가 선물한 부모님 보장 보험의 경우 1년 내 아무런 보장을 받지 않았다고 해도 환급이 되지 않으니 이 점을 숙지해야 합니다. 특히 운전자보험이나 레저보험 등 지정한 기간 안에 보장받기를 원하는 분들은 해당 기간 이전에 미리 가입을 해둬야 당일에 효력이 발생합니다. 당장 오늘 운전을 해야 하는데 오늘 가입을 고려한다면 보장이 힘들 수 있습니다. 보장받아야 하는 날의 늦어도 '이틀 전'에는 미리 알아봐야 한다는 점도 중요합니다.

골프 시즌, 홀인원을 노린다면?

골프장에서 티샷을 한 공이 한 번에 홀컵에 쏙 들어갔다면? 꿈에 그리던 홀인원(hole in one)에 성공! 하지만 나에게 돌아오는 것은 수백만 원에 달하는 '홀인원 턱'….

최근 코로나19 여파로 많은 인원의 모임이 제한되자, 골프로 관심을 돌리는 분들이 많아졌습니다. 실제 TV 예능에서도 골프를 주제로 한 각종 프로그램이 연이어 등장하고 있습니다. 이런 트렌드에 맞춰 금융권에서도 골퍼들을 위한 각종 금융상품을 출시하고 있는데, 대표적인 것이 골프보험입니다. 일명 홀인원보험으로 불리기도 하죠. 골프보험으로 어떤 것까지 보장받을 수 있는지, 가입 시 유의할 점은 없는지 자세히 살펴보도록 하겠습니다.

홀인원 하면 축하 비용 보장 ··· 증명서·영수증 챙겨야

국내 주요 손해보험사들은 현재 일반 보험이나 특약 형태로 대부분 골프보험을 판매 중입니다. 이번에는 삼성화재와 현대해상, DB손해보험, 한화손해보험 등 국내 주요 손보사들이 판매 중인 골프보험의 보장내역을 살펴보겠습니다.

골프보험은 대부분 보장내역이 비슷했습니다. 가입 한도와 보험료만 상이할 뿐, 이들 보험의 가장 대표적인 담보는 바로 '홀인원 축하금 보장'이었습니다. 홀인원은 위에서 언급했듯이 첫 티샷 한 번으로 홀컵에 공이 들어갔을 경우를 말합니다. 아마추어 골퍼의 경우 홀인원 확률은 1만 2,000분의 1이라고 합니다. 그만큼 골프에서 쉽지 않은 게 바로 홀인원입니다. 확률이 적은 만큼 홀인원을 기록하면 기념품을 돌린다거나, '홀인원 턱'을 크게 쏘는 것이 관례입니다. 또한 라운드 당시 동반자들을 초대해 다시 한번 골프 약속을 잡는 '리턴 매치'를 여는 것도 필수입니다. 홀인원을 했다는 사실은 기쁘지만, 수반되는 비용은 어마어마하죠.

이 때문에 국내에서 판매 중인 골프보험은 홀인원 축하 비용을 보장해줍니다. 홀인원으로 인한 기념품 구입비와 기념식수, 동반 캐디 축하금 등을 보장합니다. 홀인원 선물로는 보통 이름을 새긴 골프공이나 골프 우산 등을 선택하는데, 생각보다 고가입니다. 그렇다면 홀인원을 할 때마다 매번 보장이 가능할까요? 아닙니다. 보험가입금액 한도 내에서 최초 1회 보장합니다. 일반적으로 홀인원 비용은 1개월 이내, 축하 라운드 비용은 3개월 이내 소요된 금액으로 산정합니다. 홀인원을 하게 되면 해당 골프장에서 '증명서'를 주는데, 이와 함께 축하 비용으로 사용한 영수증 등을 챙겨 보험사에 청구하면 됩니다.

한 홀에서 3타수를 적게 기록하는 것, 홀인원만큼 어려운 앨버트로스도 있죠. 파 4홀에서 홀인원을 하거나, 파 5홀에서 2타 만에 홀컵에 집어넣는 것을 의미하는데요. 일부 골프보험은 앨버트로스 축하 비용을 함께 보장하기도 합니다. 축하금 보장 한도는 최소 50만 원에서 수백만 원까지도 가능하므로 자기에게 맞는 한도를 설정해서 가입하면 됩니다.

골프장에서 다치거나, 다치게 해도 보장

만약 골프를 시작한 지 얼마 되지 않은 '골린이'라면 홀인원을 할 가능성이 적으니 골프보험에 가입할 필요가 없을까요? 골프보험은 홀인원 외에도 상해사망과 후유장해 등을 함께 보장합니다. 보험사들이 판매하는 골프보험의 공통적인 부분은 골프시설 내에서 골프 연습, 경기 또는 지도 중 급격하고 우연한 사고로 상해 손해를 입었을 때 보상해줍니다. 골프용품 손해 담보라는 것도 있는데, 이는 보험증권에 기재된 골프용품(예를 들어 골프채, 가방 등)의 피해를 보상해줍니다. 다만, 감가상각된 금액을 기준으로 보상한다는 점을 기억하면 좋습니다.

또한 골프 중 타인의 신체나 재물에 끼친 손해에 대한 배상책임도 보상 대상입니다. 예를 들어 내가 친 공에 다른 사람이 맞아 상해를 입었거나, 다른 사람의 골프 장비를 파손한 경우 보험금 청구를 할 수 있습니다. 골프는 다른 운동에 비해 고가의 장비가 필요하기 때문에 배상책임 담보를 쏠쏠하게 활용하는 사람들도 많다고 합니다. 다만 1건의 사고당 본인부담금 2만 원을 공제합니다.

보험기간도 상이해서 월 단위로도 가입 가능하고, 1~3년 등 연 단위로도 가능합니다. 만약 보험료가 부담된다면 라운딩 하루를 위한 1일 보험으로도 가입할 수 있습니다. 단, 하루짜리 보험으로 가입하는 경우에는 반드시 라운딩 시작 전 미리 가입해야 당일 효력이 발생합니다.

일부 보험사가 골프보험 판매를 중단한 이유

골프보험에 대해 알아보면서, 평소 골프를 좋아하고 라운딩 횟수가 잦다면 생각보다 활용도가 높을 수 있겠다는 생각이 들었습니다. 많이 궁금해하는 보험료 역시 일반 보험상품에 비해 비싼 편은 아니었기 때문입니다. 하루짜리 보험의 경우 홀인원 보장 한도를 얼마까지 설정하느냐에 따라 다르지만 약 3,000~5,000원 정도입니다. 가입 기간 1년인 경우 연 보험료(월 보험료 아닙니다) 약 3만~7만 원 수준으로, 일반 건강보험에 비해 저렴한 수준이었습니다. (가입 한도를 높이면 보험료는 더 올라갑니다.)

그런데 취재 도중, 일부 보험사가 골프보험 판매를 중단했다는 사실을 확인하게 됐습니다. 보험사가 특정 상품 판매를 중단했다는 것은 해당 상품의 손해율이 높다는 의미입니다. 높은 손해율의 중심에는 바로 홀인원이 있었습니다. 1만 2,000분의 1 확률이라는 홀인원, 대체 얼마나 많은 실력자들이 있기에 보험사가 판매를 중단할 정도일까요?

홀인원을 증명할 방법이 골프장에서 발급하는 증명서와 동반 캐디의 확인서로 한정되어 있다는 점이 골프보험의 취약점이었습니다. 동반자, 캐디와 입을 맞춰 홀인원을 했다고 협의한 뒤, 증명서를 발급받아 보험금을 청구하는 사례가 빈번하다고 합니다. 인근 식당에서 신용카드로 결제한 뒤 곧바로 승인 취소한 가짜 영수증을 보험사에 제출하는 수법입니다. 이 같은 '가짜 홀인원'으로 이미 골프보험의 손해율은 100%를 훌쩍 넘긴 상태입니다. 사실상 골프보험은 보험사 입장에서 돈이 안 된다는 의미입니다. 예를 들어 연 보험료 5만 원을 낸 뒤 작정하고 수백만 원의 보험금을 타내면 당연히 보험사 입장에서는 남는 게 없겠죠.

그런데도 여전히 골프보험을 판매 중인 보험사가 더 많은 이유는 날이 갈수록 증가하고 있는 골퍼들, 잠재고객들이겠죠. 상대적으로 부담 없는 보험료로 신규 고객을 모집할 수 있다는 점 등 때문에 판매를 포기할 수 없다는 설명입니다. 분명한 것은 가짜 홀인원은 보험사기로 분류됩니다. 형사처벌을 받을 수 있기 때문에 유의해야 합니다.

슬기로운 TIP

일반적으로 가입하는 건강보험이나 자동차보험과 달리 골프보험은 타깃층이 따로 있는 특수성 보험이라 가입경로에 대해 궁금해하는 분들이 많습니다. 물론 설계사를 통해 문의하고 가입할 수도 있지만, 골프보험은 온라인으로 가입하는 게 최대 15%가량 저렴합니다. 보험사별로 보장 기간과 금액이 다르긴 하지만 대체로 보장해주는 내역은 유사한 만큼, 온라인에서 비교하고 가입하는 것을 추천합니다. 각 보험사 다이렉트 홈페이지에서 생각보다 간편하게 보험료 계산이 가능합니다.

보험금이 지급되지 않는 사유는 다음과 같습니다. 대부분의 골프보험은 정규코스와 달리 홀컵에 쉽게 들어가도록 변경한 코스(깔때기 홀)에서의 홀인원은 제외하고 있습니다. 배상책임 중에서는 피보험자와 세대를 같이하는 친족에 대한 손해배상책임의 경우 보험금 지급이 안 됩니다. 가입할 수 있는 대상에도 제한이 있죠. 골프선수이거나 골프 관련업 종사자인 경우 보험 가입이 제한됩니다. 마지막으로, 골프보험은 순수 보장형 상품으로 만기환급금이 없다는 점도 숙지해야 합니다.

"공모주 슈퍼 위크! 대기자금도 알뜰하게 이자 챙겨 가세요."

지금이야 증시 변동성이 확대되면서 투자수요가 많이 위축됐지만, 지난해 카카오페이, 카카오뱅크에 이어 크래프톤 등 역대급 규모의 기업공개(IPO)가 진행됐던 공모주 슈퍼 위크 당시, 공모주 청약 열풍에 힘입어 덩달아 인기를 끌었던 금융상품이 있는데요, 바로 '파킹통장'입니다.

사실 조금 생소한 단어죠. 파킹(Parking)은 주차를 의미하는 단어인데, 파킹통장이라고 하면 돈을 주차해두는 통장 정도로 해석될 수 있습니다. 그렇다면 과연, 어떤 통장이길래 통장을 안전하게 주차해둘 수 있는 것일까요? 공모주 청약을 앞두고 대기자금을 왜 파킹통장에 넣어둬야 할까요? 파킹통장의 정체를 파헤쳐

보겠습니다.

파킹통장, 일반 예금통장과 뭐가 달라?

먼저 정확한 개념을 알아야겠죠. 파킹통장, 말 그대로 내 돈을 주차해놓는 통장입니다. 일반적으로 차를 주차할 때 가장 먼저 고려하는 것은 바로 '안전성'입니다. 안전한 곳인지, 차가 보호될 수 있는 곳인지 파악한 후 주차해야겠죠. 금융권에서 안전하다는 것은 크게 두 가지로 '예금자 보호가 된다', '손실을 볼 가능성이 없다'로 의미를 나눌 수 있습니다.

파킹통장은 예금자 보호가 되는 안전한 통장이라는 첫 번째 조건을 갖춰야 합니다. 그렇다면 우리가 생각하는 일반적인 투자상품(손실 가능성이 있는)과는 다르겠죠. 은행의 예적금 상품이 여기에 해당될 것 같습니다. 하지만 또 다른 조건은 주차는 내가 차를 사용하고 싶을 때 언제든 뺄 수 있는 곳에 해야 합니다. 파킹통장도 이 조건을 충족해야 합니다. 예금자 보호가 되고 손실을 볼 가능성도 없는 데다, 마음대로 넣었다 뺐다 할 수 있는 통장, 우선 적금은 탈락입니다.

사실 이런 통장은 너무 많습니다. 은행에 가서 자유롭게 입출금할 수 있는 예금통장은 누구든 만들 수 있습니다. 그렇다면 굳이 파킹이라는 어려운 단어를 써가며 일반 예금과 분류한 이유는 무엇일까요? 바로 '금리'입니다. 우리가 주차할 때 이왕이면 주차비가 없는 또는 주차비 면제가 가능한 곳에 하려고 하죠. 파킹통장도 마찬가지입니다. 은행에 아주 잠깐, 하루만 맡겨놓더라도 '이자를 받을 수 있는' 통장을 의미합니다.

이 모든 개념을 종합하면 차를 주차하듯 자유롭게 돈을 맡기고 인출할 수 있으면서, 잠시만 맡겨도 이자를 받을 수 있고 예금자 보호까지 되는 통장이 파킹통장입니다. 예금자 보호가 된다는 점에서 증권사의 CMA와는 다르다고 할 수 있습니다.

공모주 슈퍼 위크에 저축은행이 '핫'했던 이유

단 하루만 맡겨도 약정금리에 따른 이자를 지급하는 파킹통장, 특히 공모주 청약을 앞두고 준비해둔 목돈을 잠깐 넣었다가 이자까지 받는다면 금상첨화겠죠. 그렇다면 이런 통장은 어디에서 만날 수 있을까요?

물론 시중은행에도 파킹통장은 있습니다. 하지만 지난 공모주 슈퍼 위크를 앞두고 가장 인기가 많았던 곳은 저축은행입니다. 저축은행이 판매했던 파킹통장은 은행에 비해 상대적으로 고금리였기 때문입니다. 게다가 하루만 맡겨도 약정금리를 제공하기 때문에, 은행의 일반 예금통장에 넣어두는 것보다 훨씬 이득이라는 평가입니다.

목돈을 넣어서 이자를 받고 싶지만 중도에 사용할 일이 있어 적금 가입이 부담스러울 때 활용할 수 있는, '단기 여유자금 운용'에 활용도가 높을 수밖에 없습니다. 주거래은행만을 찾기보다는 금융사별 비교를 통해 금리를 가장 많이 주는 곳을 선택하는 것이 좋습니다.

가입 전 '금리 잘 주는' 조건 따지기

파킹통장은 다른 투자상품과 달리 원금을 잃을 위험이 없기 때문에 단기 여유자금을 원하는 분들에게 권장하는 상품이기도 합니다. 그렇다면 주의할 점은 없을까요? 시중은행보다 높은 금리에 필요할 때마다 꺼내쓸 수 있다면 누구든 가입하고 싶겠죠. 하지만 이런 알짜 상품에는 항상 '조건'이라는 게 붙습니다. 파킹통장도 마찬가지입니다. '하루만 맡겨도 ○○% 금리를 드립니다'라는 광고 문구를 100% 믿으면 안 됩니다.

금융사마다 다르지만, 파킹통장은 보통 높은 약정금리를 적용해주는 가입 금액에 한도를 두는 경우가 많습니다. 예를 들어 한도 500만 원까지는 연 2% 금리 적용, 500만 원을 초과하는 금액에 대해서는 연 1.5% 금리 적용 등 차등을 두며 금리 적용을 하는 경우가 있으니 상품 설명을 꼼꼼히 확인하기 바랍니다.

또한 가입에 나이 제한을 두는 경우도 있습니다. 예를 들어 사회 초년생 또는 보다 젊은 연령층의 고객군을 신규로 모집하려는 금융사의 목적이 담겨있다고 볼 수 있겠죠. 좋은 혜택의 상품이라도 가입할 수 있는 조건과 높은 금리를 적용하는 금액 기준이 지정된 경우가 많으니 자신이 어디에 해당되는지 꼼꼼하게 비교해봐야 합니다.

슬기로운 TIP

금융사들이 아주 잠깐 돈을 맡기는 사람에게도 높은 금리를 적용해주며 파킹통장을 홍보하는 이유는 무엇일까요? 바로 신규 고객 유치입니다. 특히 저축은행의 경우 시중은행에 비해 고객 접근성이 떨어지다 보니 각종 이벤트성 특별 판매 상품으로 고객몰이를 하는 경우가 많죠. 실제로 저축은행의 파킹통장도 출시와 동시에 이벤트와 결합되는 경우가 많습니다.

특히 최근 시작된 저축은행의 오픈뱅킹 서비스. 한 은행에서 모든 은행의 계좌 조회와 이체가 가능한 오픈뱅킹 서비스가 저축은행까지 확대되었습니다. 파킹통장 이용과 함께 오픈뱅킹까지 가입하면 우대금리를 더 얹어주는 상품들이 많기 때문에 활용하기 좋습니다. 이 밖에도 사옥 이전을 기념하는 특판이라던가, 온라인 전용으로 가입하는 경우 우대금리를 더 주는 파킹통장들이 있으니 틈새 혜택을 활용하는 것도 하나의 방법입니다. 이와 더불어 일부 금융사들은 파킹통장을 용도별로 계좌를 분리할 수 있게 하는 기능도 지원합니다. 생활비 지출 등 용도별로 파킹통장을 나눠 관리하는 방안도 활용 가능합니다.

내 계좌로 1만 2,000원이 들어왔다

실제 제 계좌로 1만 2,000원이 들어왔습니다. 돈을 보내준 곳은 다름 아닌 카드사. 삼성카드에서 몇천 원, 우리카드에서 몇백 원… 전부 모아 보니 1만 원이 훌쩍 넘습니다. 그야말로 '공돈'이 생긴 기분이었습니다.

이번에 풀어볼 이야기는 어딘가에서 잠자고 있을 '숨은 자산'입니다. 1만 2,000원이라는 금액도 지난해 엄청난 인기를 끌었던 여신금융협회의 '카드포인트 통합조회 서비스'를 통해 제가 직접 현금으로 돌려받은 카드포인트입니다.

쿨쿨 잠자는 돈, '3대장'으로 찾아라

내 자산에 대한 통합 조회가 가능하지 않던 시절, '분명히 이 은행에 내 계좌가 있던 것 같은데…', '계좌에 남은 돈이 얼마였지?', '오랫동안 안 썼던 이 카드, 포인트 얼마 남았더라' 등 고민이 많았죠. 사실 금융사에 방문해서 문의하면 될 일이긴 하지만 얼마나 귀찮던지….

그렇게 찾지 않고 내버려 뒀던 숨은 자산들은 2022년 1분기 기준으로 무려 2조 원이고 여기에 매년 소멸되는 카드포인트는 1,000억 원 규모입니다. 정말 '티끌 모아 태산'입니다.

하지만 시대가 변했죠. 언제 어디서든 나의 숨은 자산들을 샅샅이 뒤져 찾아낼 수 있게 됐습니다. 심지어 숨은 자산들을 모아 내가 주로 이용하는 계좌로 바로 입금까지 해줍니다. 대표적인 숨은 자산 찾기 서비스 3대장이 있습니다. 휴면예금을 찾아주는 '휴면예금 찾아줌', 내가 가입한 모든 보험 내역과 찾아가지 않은 보험금을 알려주는 '내 보험 찾아줌', 끝으로 위에서 소개한 카드사별 잔여 포인트를 통합 조회하고 현금화할 수 있는 '카드포인트 통합조회 서비스'입니다.

공인인증서만 있으면 이름과 주민번호 등 개인정보 입력을 통해 실명으로 가입되어 있는 모든 금융자산 찾기가 가능합니다. 실제로 네이버 포털사이트에 '실시간 검색어'가 있던 시절, 숨은 자산 찾기 3대장 서비스는 이슈가 될 때마다 항상 '실검 1위'를 차지할 정도로 금융소비자들의 관심이 높았습니다.

돈 찾아주는 방법도 업그레이드된다

"와~ 이 통장에 10만 원이나 있었구나!" 이렇게 확인만 하면 되는 게 아니죠. 숨어있던 돈을 찾았으면 얼른 사용할 수 있도록 실제 내 자산으로 만들어야 합니다. 예전 같았으면 5년 동안 손도 안 댔던 통장에서 10만 원을 발견했을 경우, 계좌를 다시 살리려고 은행을 방문해야 했을 텐데요. 이제는 돈 찾는 방법도 업그레이드됐습니다.

'내 계좌 한눈에' 서비스는 단 한 번의 본인인증만 거치면 전 금융권에 흩어져 있는 자신의 계좌를 조회할 수 있습니다. 사용하지 않는 계좌는 한 번에 해지하고 잔액을 주 계좌로 이체할 수 있는 서비스까지 탑재했습니다. 여기에 최근 모든 금융사들이 참여하고 있는 오픈뱅킹 서비스, 만약 신한은행 계좌를 주로 사용한다면 신한은행 뱅킹 앱 하나로 오픈뱅킹 서비스를 통해 다른 은행의 계좌까지 모두 조회와 이체가 가능합니다. '통합 조회'가 대세가 된 세상입니다.

저는 개인적으로 3대장 서비스 중 가장 선진화된 서비스로 '카드포인트 통합조회 서비스'를 꼽습니다. 해당 서비스에서는 자기가 보유한 모든 카드사의 포인트를 조회할 수 있고, 내 계좌로 입금 신청만 하면 10분 만에 현금으로 입금됩니다. 국내 카드사가 8개나 있고, 1인당 카드 보유 수가 평균 4.5장인 점을 감안했을 때, 이렇게 빠른 시간 안에 조회와 현금화가 가능하다는 점에서 가장 선진적이라고 판단했습니다.

실제 카드포인트 통합조회 서비스는 소비자들 사이에서도 좋은 평가를 받고 있고, 금융위원장이 직접 거론하며 칭찬한 서비스로 유명합니다. 금융위는 이 분위기를 이어가기 위해 숨은 보험금도 한 번에 모아 입금까지 바로 해줄 수 있는 서비스를 구축했습니다. 찾는 데서 그치지 않고 내 계좌까지 원스톱으로 입금까지 가능해졌습니다.

금융사는 당신의 돈을 찾아주지 않는다

이런 다양한 서비스들 덕분에 휴면예금은 지난 2017년부터 2020년까지 약 800억 원이 환급됐고, 숨은 보험금은 약 9조 2,000억 원이 주인을 찾아갔습니다. 카드포인트는 서비스 시작 3주 만에 약 1,700억 원이 현금화됐습니다. 매우 많은 자산이 주인을 찾았지만 이렇게 다시 서비스를 언급하는 것은 아직도 많은 자산이 남아있기 때문입니다. 찾지 않아 휴면예금으로 분류된 돈은 서민금융진흥원에 출연되고, 사용하지 않아 소멸되는 카드포인트는 고스란히 카드사에 다시 돌아가게 됩니다.

이 때문에 기본적으로 금융사들이 이런 서비스를 직접 나서서 '적극적으로' 알리진 않습니다. 보통 금융당국이 홈페이지나 보도자료 등을 통해 주기적으로 성과를 발표하면서 안내하는 정도에 그칩니다. 결국은 본인이 챙겨야 한다는 의미입니다. 작은 자산이라도 한 번 더 확인해서 꼼꼼히 챙겨보는 습관이 장기적으로는 큰 자산을 만드는 데 도움이 될 수 있으리라 생각합니다. 숨은 자산을 깨우는 동시에, 쓸모없이 유지되고 있는 계좌나 카드 등을 정리하는 것도 환경 측면으로 큰 도움이 됩니다.

찾아야 '내 돈', 못 찾으면 '남의 돈'입니다.

슬기로운 TIP

카드포인트 통합조회 서비스가 있으니 포인트를 차곡차곡 쌓아뒀다 나중에 '목돈'으로 만들어서 한 번에 찾아야겠다고 생각하시나요? 카드포인트는 다른 금융자산들과 달리 5년이라는 유효기간이 있습니다. 5년이 지나면 카드포인트는 소멸되어 사용이 불가능해진다는 의미입니다. 당연히 현금화도 불가능하겠죠.

이와 함께 항공 마일리지 제휴카드를 사용하시는 분들도 있습니다. 마일리지는 카드포인트와 또 다른 개념의 리워드입니다. 카드사가 항공사에 돈을 주고 마일리지를 사 와서 카드 고객에게 제공하는 구조의 혜택입니다. 이 때문에 통합조회 서비스에서 조회되거나 현금으로 전환되지 않습니다. 최근 코로나19 장기화로 여행 수요가 줄면서 마일리지 연장에 대한 문의가 이어지고 있는데, 이는 카드사가 아닌 항공사에 문의해야 합니다.

믿을 놈 하나 없는데
내 노후는 누가 챙기나?

당장 코앞의 일도 알기 힘든데, 은퇴 후 나의 삶은 어떨지 더욱더 예측이 불가능하다. 애지중지 키워온 자식들에게 내 노후를 맡기자니 그역시도 불투명하다. 나름대로 내 미래를 위해 연금 준비를 하긴 해야겠는데, 조금 쉽고 세금 혜택까지 한 번에 받을 수 있는 상품은 없을까?

퇴직 후 불안정한 미래를 위해 노후 준비 1순위로 꼽히는 금융상품은 바로 연금입니다. 대한민국 국민이라면 기본적으로 가입되어 있는 국민연금이 있지만 이것만으로는 노후를 준비하기에 턱없이 부족하다는 것은 많은 사람들이 알고 있습니다. 개인연금 중 '세테크 종합판'으로 꼽히는 개인형 퇴직연금(IRP: Individual Retirement Pension)에 대해 살펴보겠습니다.

IRP, 최대 700만 원까지 세액공제 혜택

연금의 종류는 국민연금을 비롯해 개인연금, 퇴직연금 등 세 가지로 나눠볼 수 있습니다. 그중 개인연금은 다시 연금저축과 연금보험으로 또 나뉘는데, 이 연금들은 장기상품으로 꾸준히 납입해야 혜택을 받을 수 있고, 금융기관별로 상품도 천차만별이라 기본적인 정보 수집과 더불어 공부가 필요합니다.

그렇다면 상대적으로 어렵지 않고 준비 부담이 덜한 연금이 있을까요? 근로자가 퇴직 시 받게 되는 퇴직금을 연금으로 활용할 수 있는 상품, 바로 퇴직연금입니다. 그중 개인형 퇴직연금 IRP는 연금 마련에 세제 혜택까지 더해진 대표적 상품으로 꼽힙니다. 특히 꾸준하게 소득이 있는 사람에게 적합한 연금으로 분류됩니다.

납입이 상대적으로 자유롭고, 회사가 아닌 가입자 스스로 퇴직금을 직접 운용할 수 있다는 것이 특징입니다. 근로자 본인 명의의 계좌에 적립해 운용하고, 만 55세 이후 연금화할 수 있는 상품입니다. 연간 1,800만 원까지 납입이 가능하고, 최대 700만 원까지 세액공제 혜택도 받을 수 있습니다. (2023년부터는 연금저축과 IRP를 합산한 세액공제 한도가 기존 연 700만 원에서 900만 원으로 확대됩니다.)

투자 성향에 따라 직접 포트폴리오 구성 가능

IRP는 세금을 내야 하는 소득 범위를 줄여주는 소득공제가 아니라 세금 자체를 돌려주는 세액공제이기 때문에 환급 규모가 큰 대표적 세테크 상품으로 꼽힙니다. 뿐만 아니라 운용 기간에 발생한 수익에 대해서도 퇴직급여 수령 시까지 과세가 면제됩니다.

적립금에서 생긴 수익에 대한 세금이 일시금 또는 연금을 수령할 때까지 이연되기 때문에 복리 효과를 볼 수 있다는 특징도 있습니다. 수익에 대해 세금을 내지 않고 재투자가 가능하다는 의미입니다. 연말정산 시 세금을 다시 계좌에 재투자해 세액공제 한도를 채우는 방법도 있습니다.

IRP는 여러 금융사의 상품도 운용이 가능합니다. 원금 보장이 되는 은행 예금이나 보다 금리가 더 높은 저축은행 예금 등에 투자할 수 있고, 주가연계증권(ELS)이나 해외펀드 등 투자를 통해 경기 흐름, 주가 수준에 따른 실적을 더 낼 수도 있습니다.

주식시장이 활황일 때는 주가에 연동되는 투자상품을 포트폴리오에 구성하는 사람들이 늘어나는데, 다만 이런 투자상품들은 적립금의 70%까지 구성이 가능하고, 30%는 안전자산으로 반드시 채워 넣게 돼 있습니다. 이 점이 일반 펀드와 다른 점입니다. 기본적으로 안전자산이 뒷받침되어야 하는 구조이기 때문에 리스크가 상대적으로 낮다는 평가입니다.

수익률 비교·수수료 면제 혜택 챙겨야

은행뿐만 아니라 보험사, 증권사들 등 대부분의 금융사들이 IRP를 판매하고 있습니다. 안정적인 운용이 가능한 곳을 선택하는 게 포인트겠죠. 수익률을 비교해보거나 또는 주거래은행 등을 통해 혜택을 가장 많이 받을 수 있는 것을 고르는 것도 방법입니다. 각 금융협회 공시 서비스를 통해 금융사별 수익률 확인이 가능합니다.

최근과 같이 증시 낙폭이 급격히 커지고 불확실성이 높아진 상황에서는 주가에 연동되는 포트폴리오를 줄이고 안정적인 예금 투자로 구성하는 것도 방법입니다. 다만 연금 상품 자체를 장기적으로 봐야 하는 만큼 단기 성과보다는 장기 수익률을 높이는 것이 중요하다고 전문가들은 조언합니다.

또한 IRP는 연금저축 상품과는 달리 운용·자산관리 수수료가 있습니다. 하지만 최근 비대면 거래 활성화에 따라 일부 금융사들은 비대면 가입 고객들에게 수수료를 면제해주는 행사를 진행하기도 합니다. 앱 전용 상품 가입에 따른 수수료 전액 면제 혜택 등이 대표적이라고 할 수 있습니다.

비대면 가입을 통해 수수료 면제 혜택을 챙기는 것도 좋습니다. 또 가입 시기가 빠를수록 장기가입 수수료 할인 구간이 확대되기 때문에 가입 시기를 앞당기는 것도 방법입니다.

슬기로운 TIP

그렇다면 이렇게 세금 혜택이 좋고 간편한 상품, 주의해야 할 점은 없을까요? 당연히 있습니다. 세테크 대표 상품인 만큼 온전한 세제 혜택을 받고 싶다면 중도 해지해서는 안 된다는 점입니다. 만약 목돈이 필요해 중도 해지를 하게 된다면 그동안 받은 세금 혜택을 모두 토해내야 합니다. 추후 연금으로 받지 않고 일시금으로 받게 되는 경우 16.5%의 기타 소득세도 내야 하기 때문에 인출 시기 등을 고려해야 합니다.

중도 인출이 가능한 사유도 물론 있습니다. 무주택자가 주택을 구입하거나 전세임차보증금을 필요로 할 때, 개인회생이나 파산선고 등의 사유가 있는 경우에는 중도 인출이 가능합니다.

혹시라도 중도에 목돈이 필요한 상황이 생길까 우려된다면 IRP 계좌를 여러 개 나눠 갖고 있는 것도 하나의 방법입니다. 급한 용도의 목돈이 필요한 경우에는 전체 금액이 아닌 한 계좌만 해지해 유동성 손실을 최소화할 수 있습니다.

카드포인트
어디까지 써봤니?

열심히 긁다 보니 조금씩 쌓이기는 하는데…. 모아 둔 카드포인트, 어디에 써야 잘 썼다고 소문이 날까?

신용카드를 보유하고 있는 사람이라면 한 번쯤은 해봤을 고민, 바로 카드포인트 사용법입니다. 국내에는 여러 카드사들이 있고 각 카드사별 포인트 활용법도 다릅니다. 물론 카드포인트 통합조회 서비스가 등장하면서 모든 포인트를 한데 모아 현금으로 돌려받을 수도 있지만, 주로 사용하는 카드인 '주 카드'가 있는 경우 일상생활에서도 쏠쏠하게 활용할 수 있는 방법들이 있습니다. 이번에는 카드업계 대표 포인트 'S·M·L'을 분석해보겠습니다.

'엠포인트' 쓰려면 '온쇼편빵피카'만 기억하라

현대카드 쓰는데 M포인트 모르면 간첩! 현대카드의 M포인트는 대표적인 포인트 시스템으로 꼽히고 있습니다. 고객만 700만 명에 달합니다. 이들은 지난해 5,000억 포인트를 쌓았고 그 중 4,600억 포인트를 사용했습니다. 과연 어디서 M포인트를 사용했을까요?

M포인트를 사용할 수 있는 곳은 168개 브랜드, 5만 9,300곳에 달합니다. M포인트를 제대로 활용하려면 '온쇼편빵피카'를 기억하면 됩니다. 온쇼편빵피카는 온라인 쇼핑몰, 편의점, 빵집, 피자, 카페입니다. 일반적으로 카드포인트는 온라인 쇼핑몰에서만 사용 가능한 것으로 알려져 있지만 오프라인 매장에서도 포인트를 알뜰하게 사용할 수 있습니다.

이마트24와 미니스톱, CU 등 편의점과 파리바게뜨, 뚜레쥬르, 이마트와 이마트 에브리데이, 올리브영 등 오프라인 중대형 마트나 생필품 매장, 투썸플레이스 등 카페에서도 포인트 결제가 가능합니다. 특히 최근 뜨고 있는 '가정 간편식' 업체나 수산물을 집으로 배달해주는 '오늘회'와 같은 온라인 매장에서도 M포인트를 과감하게 사용하면 됩니다.

M포인트가 가장 강력한 힘을 발휘하는 순간은 바로 자동차를 구매할 때입니다. 현대와 기아의 자동차를 구매할 때 5년간 최대 200만 M포인트를 사용해 결제금액 200만 원을 차감할 수 있습니다. M포인트 보유자라면 결제와 동시에 가지고 있는 M포인트를 사용해 차량 값의 일부를 결제하고, M포인트로 차감한 나머지 결제금액의 1.5~2%가 또다시 M포인트로 적립됩니다. 이렇게 쌓은

M포인트는 다음 달 차량 대금 결제 시 사용할 수 있습니다.

롯데 유통망에서는 L포인트부터 꺼내라

또 다른 포인트의 강자는 롯데카드의 'L.POINT'입니다. 롯데멤버스에서 운영하고 있는 통합포인트 제도로, 전국 50만여 개 가맹점에서 현금처럼 사용 가능합니다. 국내 L포인트 가맹점에서 결제 시 이용 금액의 0.1~5%가 롯데포인트로 적립되는데, 롯데 계열 매장을 이용할 경우 롯데카드에서 주는 포인트와 롯데 제휴 사에서 주는 포인트가 통합 적립됩니다.

롯데백화점은 물론 롯데홈쇼핑, 롯데마트, 롯데면세점, 롯데시네마와 롯데ON 등 롯데매장과 롯데멤버스 외부 제휴사에서 사용할 수 있고, 특히 롯데카드에서 적립된 L포인트는 롯데카드 결제 대금과 연회비, 현금서비스와 카드론 수수료로 사용 가능합니다.

L포인트의 또 하나의 특징은 항공마일리지로 전환이 가능하다는 점입니다. 아시아나의 경우 1만 7,000포인트는 1,000마일리지로, 대한항공은 2만 포인트를 1,000마일리지로 교환 가능합니다.

상품권의 경우, 사용 가능 포인트가 1포인트 이상일 경우 1포인트 단위로 현금 교환 신청을 할 수 있고 5,000포인트부터는 마트에서 상품권으로, 1만 단위부터는 백화점에서 상품권으로 교환이 가능합니다.

은행·보험에서도 사용 가능한 마이신한포인트

'S'로 지칭한 마지막 포인트는 신한카드의 마이신한포인트입니다. 신한카드는 신한금융지주 계열사인 만큼 지주 계열의 은행이나 보험사에서도 포인트를 사용할 수 있는 것이 특징입니다.

신한플러스 앱을 통해 신한은행 예적금 상품이나 신한금융투자 주식매매 수수료, 펀드 매수, 신한라이프의 보험료 납입까지 마이신한포인트로 결제가 가능합니다. 포인트로 금융상품이나 수수료 결제가 가능한 만큼 신한금융 계열사 안에선 사실상 현금이나 마찬가지인 셈입니다.

이외에도 1포인트 이상 적립했을 때 마이신한포인트 가맹점 포인트몰에서 다양한 사은품을 신청할 수 있고, 연회비 결제와 현금 캐시백 서비스도 가능합니다. 카드 결제 대금도 포인트로 일부 결제가 가능하고, 연회비로도 사용이 가능합니다. SK Pay나 네이버페이 등 제휴처에서 포인트로 전환할 수 있는 것도 마이신한포인트의 특징입니다.

슬기로운 TIP

만약 여러 개의 카드를 사용하고 있다면 흩어져 있는 카드포인트를 한 번에 모아 현금으로 인출할 수 있는 카드포인트 통합조회 서비스를 이용할 수 있습니다. 한 번에 사용하기 애매한 포인트들은 이 서비스로 모아서 내 계좌로 현금 인출이 가능하니 꼭 활용해보기 바랍니다.

그리고 포인트도 기부가 가능합니다. 직접 사용하지 않고 포인트를 기부할 경우 카드사별로 포인트 기부 프로그램이 있어서 활용할 수 있습니다. M포인트의 경우 현금화 서비스인 H-Coin으로 교환이 가능한데, 굿네이버스나 푸르메재단, 한국희귀난치성질환연합회, 동물권행동 카라 등에 기부할 수 있으며 소득공제도 가능합니다.

마이신한포인트도 기부처를 등록한 뒤 100포인트 이상 기부할 수 있으며 기부영수증도 발급받을 수 있습니다.

롯데카드도 회원이 기부하고 싶은 NGO 단체에 보유하고 있는 포인트를 원하는 만큼 기부하는 포인트 기부제도를 운용합니다. 현재 사회복지공동모금회, 어린이재단 등 10여 개의 NGO 단체에 포인트로 기부할 수 있습니다.

빚 대물림 막아주는 신용보험을 아십니까?

만약 큰 사고가 나서 내가 병원에 누워만 있게 된다면… 내 남은 대출금은 누가 갚아주지?

최근 빠른 속도로 이뤄지는 비대면·디지털화 등 급변하는 금융환경에 따라 금융상품 역시 변화하고 있습니다. 특히 기준금리 인상으로 시중은행의 대출금리까지 가파르게 오르면서 대출상품에 대한 소비자들의 관심도 높아지고 있죠. 최근에는 급증하는 금리 부담을 덜 수 있는 '신용보험'까지 업계의 이슈로 떠올랐는데, 아직 국내에서는 생소하기만 한 신용보험을 어떻게 활용할 수 있는지 살펴보겠습니다.

대출을 대신 갚아주는 보험

신용보험이란 무엇일까요? 아직 국내에는 신용보험을 잘 모르는 소비자들이 많습니다. 지난해 한 글로벌 보험사가 한국인들을 대상으로 신용보험에 대해 들어본 적이 있는지 설문을 실시했는데, 절반이 넘는 55%가 '모른다'고 답했습니다.

신용보험은 예기치 못한 사고가 발생했을 때 대출금을 대신 갚아주는 보험을 의미합니다. 보장 항목에 따라 다르지만 예기치 못한 사고에는 실업 또는 상해사고가 포함되기도 하고, 사망했을 때 대출금을 갚아주는 신용생명보험도 있습니다.

신용보험의 긍정적인 효과는 상당히 많은 것으로 평가되고 있습니다. 가입자는 채무불이행으로 인한 빚 대물림을 방지할 수 있고, 은행 등 대출기관은 대출금 회수에 대한 비용이나 불확실성을 감소시킬 수 있습니다. 보험사는 신규시장을 확대할 수 있다는 장점이 있고 금융당국은 가계대출 관리나 소비자 금융안정을 유지할 수 있다는 평가가 나오고 있습니다.

최대 30년, 최고 10억 원까지 가입 가능

국내에서는 외국계 보험사인 BNP 파리바 카디프생명과 메트라이프생명 등 단 2곳만 현재 신용보험을 판매 중입니다.

국내에서 판매되고 있는 한 신용보험의 경우 보장 기간은 대출 기간과 만기에 따라 최소 1년에서 최대 30년까지, 보험 가입 금액은 채무액 한도 내에서 1,000만 원과 3,000만 원, 5,000만 원, 1억 원에서 선택할 수 있고, 최대 10억 원까지 가입 가능한 상품도 있습니다.

보험료 역시 가입 연령과 가입 금액에 따라 다르지만 1만 원 미만부터 3~4만 원까지 다양하고 상대적으로 저렴한 것이 특징입니다. 이들 상품의 공통점은 예기치 못한 사고가 발생하거나 사망했을 때, 자녀들에게 대물림될 수 있는 채무를 보험사가 대신 갚아주는 형태입니다.

최근 출범한 신한EZ손해보험은 모든 채무를 갚아주진 않지만 예기치 못한 교통사고로 사망 또는 50% 이상 후유장해가 발생했을 때 자동차 할부금을 특약 조건에 따라 대신 상환해주는 유사한 개념의 대출 상환 보험을 출시하기도 했습니다.

판매규제·금융사 소극적 대응으로 비활성화

상당한 장점이 있는 것으로 평가되는 신용보험, 그런데 왜 국내에선 잘 알려지지 않았을까요? 미국과 캐나다, 일본 등 주요 국가에서는 이미 신용보험이 방카슈랑스(은행에서 판매하는 보험)의 대표 상품으로 자리 잡았습니다. 하지만 우리나라의 경우 기본적으로 '규제'가 발목을 잡습니다.

보험연구원은 최근 보고서를 통해 판매 규제가 신용보험 활성화를 막고 있다고 지적했습니다. 대출 미상환 위험을 방지하는 보험인 만큼 금융사에서 대출과 연계해 신용보험을 판매하는 것이 효과적이지만, 이는 「금융소비자 보호에 관한 법률」에 따라 '불공정 영업행위'로 간주될 우려가 있습니다. 일명 '꺾기'로 불리는 행위입니다.

또한 은행이 보험료를 부담해서 가입시킨다 해도 보험료가 대출금리에 포함된 것으로 해석될 경우 이 역시 불공정 영업행위로 간주될 수 있고, 대출 고객이 신용보험에 가입할 경우 은행은 신용위험이 감소하는데, 이에 대한 보상으로 고객에게 대출금리 인하나 한도 확대 등의 혜택을 제공해도 「보험업법」에서 금지하는 '특별이익 제공'으로 해석될 우려도 있습니다.

게다가 신용보험은 일반 종신보험에 비해 보험료가 소액이라 은행이 받을 수 있는 모집 수수료가 적은 만큼, 수수료는 적지만 그에 따른 민원 발생이나 규제 위반에 대한 우려가 높아 판매에 소극적일 수밖에 없는 구조라는 설명입니다.

이에 전문가들은 다른 생명보험과 차별화될 수 있도록 신용보험 상품을 개선할 필요가 있다고 강조합니다. 사망이나 특정 질병 진단에 한정된 보장은 기존 정기보험과도 차별성이 없는 만큼, 대출 상환 스케줄에 적합한 보장 금액 설정과 보장 범위 확대 등 상품 개선 노력이 필요하다는 주장입니다.

슬기로운 TIP

신용보험은 개인회생이나 파산처럼 대출 상환이 어려워지면 무조건 빚을 갚아줄까요? 아닙니다. 보험 가입 시 약정한 '보험사고 발생 시'에만 보험금이 지급돼 대출금 상환이 이뤄지므로 약정할 때 보험사고 내역을 꼼꼼히 살펴볼 필요가 있습니다.

사망했을 때 대출금을 보험사가 대신 상환해주는 상품인 만큼 도덕적 해이를 막기 위한 장치도 있습니다. 사망에 대해 무조건 보장해주는 것이 아니라 '고의적 사고' 또는 '가입 2년 이내 자살할 경우'는 보험금 지급이 제한됩니다.

Chapter 2

금융회사가
불편해하는 꿀팁

돈 없어서 대출받는데
왜 자꾸 적금 들라는 거야?

"적금 하나 가입하면 0.1%p, 신용카드 발급하면 0.1%p, 청약통장 만들면 또 우대금리…."

돈 없어서 대출받는데 자꾸 적금 가입하라는 은행. 여기에 신용카드까지 발급하면 이자를 더 깎아준다는 얄미운 은행. 대체 왜 이런 일들이 발생하는 걸까요? 누구나 한 번쯤 겪어봤을 상황입니다. 일명 '꺾기'로 불리는 구속성 예금에 대해 다뤄보려 합니다. 꺾기 관행이 끊이지 않는 이유와 금융소비자들이 주의해야 할 점은 무엇인지 살펴보겠습니다.

불법과 합법 사이, 애매한 그 어딘가…
은행에서 대출을 받아본 분들은 한 번쯤 경험해 봤을 구속성 예금은 은행들이 대출해줄 때 이것저것 가입하게 해서 '끼워팔기'라고 불리기도 합니다. 먼저 구속성 예금에 대한 정확한 정의를 알아보겠습니다. 금융감독원 금융 용어사전에서 구속성 예금의 정의를 검색해보니 '은행이 차주에 대한 여신과 연계해 대출금액의 일정 부분을 차주의 의사에 반해 예금, 적금 등으로 수취하는 행위'라는 결과가 나왔습니다. 대출을 받기 위해 은행에 갔는데 이것저것 가입한 상태로 나왔다면 이것이 바로 꺾기가 아닐까요? 맞습니다. 그런데 아닐 수도 있습니다.

여기서부터 혼란스러워지기 시작합니다. 구속성 예금의 정의 중 '차주의 의사에 반해'라는 부분을 눈여겨봐야 합니다. 나는 분명히 대출만 받으려고 했고, 적금 가입은 생각도 하지 않았는데 대출금리 중 '우대금리'라는 항목이 있다고 합니다. 금리를 낮춰준다고 하니 마음이 바뀌죠. 어느새 적금 상품에 가입하고 있는 내 모습…. 이것은 '내 의사에 반한' 행동이라고 규정짓기 애매한 부분입니다.

적금이나 카드 발급 등 부수적인 상품 가입을 안 한다고 대출을 안 해주진 않습니다. 일반적으로 신용점수를 확인하고 대출이 가능하다고 확인되면, 구속성 예금은 그 이후부터 등장하기 시작하죠. 대출금리를 낮춰줄 수 있지만 이건 소비자의 선택사항이라고 던져놓는다면, 과연 가입하지 않을 사람이 몇이나 될까요? 아직도 은행 대출에 부수적인 상품 가입이 따라오는 이유입니다.

은행이 적금·카드를 가입시키는 이유

소비자 입장에서는 분하지만 은행 입장에서도 이렇게 할 수밖에 없는 이유가 있습니다. 우선 '우대금리'에 대해 짚어볼 필요가 있습니다. 말 그대로 우대금리는 금리를 더 주거나, 덜 주거나 할 수 있는 혜택입니다. 대출금리만 놓고 보면, 신용점수가 높을수록 대출금리가 낮고 신용점수가 낮을수록 대출금리가 높습니다. 금융시장의 기본 원칙이죠.

대출을 받는 사람이 적금 상품에 가입하면 우대금리 혜택을 주는 것은 당연합니다. 매달 꼬박꼬박 일정 금액을 저축한다는 것은 그만큼 대출금의 일부를 상환할 수 있는 능력을 키운다는 의미와 같습니다. 은행 입장에서는 이 사람에 대한 신뢰도를 높여주는 하나의 수단이 됩니다.

그렇다면 신용카드는 어떨까요? 신용카드는 말 그대로 신용을 담보로 구매하는 결제 수단인 만큼 연체만 되지 않고 매달 꼬박꼬박 카드값을 갚는다면, 은행 입장에선 이 사람의 신용도를 파악할 때보다 믿음직한 사람으로 볼 수 있는 하나의 수단이 되겠죠. 나의 신용도를 높일 수 있는 부수적인 수단들을 활용해 금리와 바꾸는 셈입니다.

나는 실적의 희생양이기도 하다

여기까지는 기본적인 시장 원리를 바탕으로 설명한 내용입니다. 사실 간과할 수 없는 부분은, '실적'입니다. 은행 직원들도 일반 기업 직원들과 같이 실적이 중요할 수밖에 없습니다. 상품 가입이 많을수록 당연히 실적이 늘어나고 인사고과에도 좋은 영향을 주겠죠.

계열사 밀어주기도 있습니다. 예를 들어 A 은행에서 대출을 받았는데 다른 금융지주 계열의 B 카드를 발급하라고 할까요? 절대 아니죠. 국내 4대 은행들은 모두 카드 계열사가 있습니다. 이 때문에 실제로 은행 직원들에게 카드 발급 실적이 할당되기도 합니다. "사용 안 하시더라도 만들기만 하세요"라며 직원들이 권유할 수밖에 없는 이유입니다.

여기에 충성고객 확보 효과도 있습니다. 예를 들어 대출 우대금리 항목으로 따라오는 대표적 상품 중 하나가 청약통장인데요. 청약통장은 적금과 달리 한 개의 은행에서만 만들 수 있습니다. 하나밖에 만들 수 없는 것이라면 이왕이면 미리 선점해 고객으로 확보하는 것이 좋겠죠.

펀드·보험은 대출 시 못 끼워 판다

자, 그럼 정리해보겠습니다. 적금이야 내 돈 내가 모아서 사용할 수 있고 거기에 이자까지 받을 수 있으니 속는 셈 치고 하나 가입한다고 가정합니다. 간혹 은행들이 충성고객 확보를 위해 퇴직연금계좌나 청약통장 개설을 권유하는 경우도 있는데, 이것도 저축의 일환으로 생각해보겠습니다. 카드의 경우에는 조금 애매하긴 하죠. 발급받은 카드의 혜택이 무엇인지 살펴보고 그 혜택만 골라서 쓴다거나, 우대금리를 받을 수 있는 최소 금액만 사용한다고 전제하겠습니다.

하지만 은행이 중도 해지 시 원금 손실이 발생할 수 있는 펀드나 보험상품 가입을 권유한다면 어떨까요? 카드와 마찬가지로 우리은행을 제외하고는 국내 은행들 모두 계열 보험사가 있습니다. 계열사 금융상품 판매 압박이 결국 '꺾기'로 이어지는 사례도 적지 않습니다. 원금 손실 우려가 있는 상품까지 굳이 무리해서 가입할 필요는 없을 것 같습니다.

다행히 최근 시행된 「금융소비자보호법」으로 은행이 대출 실행일 전후로 1개월간 펀드나 방카슈랑스(은행에서 판매하는 보험을 의미하는 프랑스어, Bancassurance)를 판매하지 못하도록 규정됐습니다. 투자성이나 보험성 상품은 소비자가 꼭 필요로 하는 경우가 아니면 대출을 조건으로 판매할 수 없습니다. 실제 일부 시중은행에 문의해보니 이 법 시행 이후 대출 시 우대금리 항목에 펀드 가입은 빠져있다고 합니다.

슬기로운 TIP

"우리는 은행들의 '꺾기'에서 완전히 벗어날 수는 없을까요?" 이런 민원들이 속출하자 금융당국은 최근 「금융소비자보호법」을 통해 '월 납입금이 대출 금액의 1%를 넘어가면 구속성 예금에 해당된다'고 명확하게 규정했습니다.

예를 들어 1억 원을 대출받았는데 부수적으로 가입한 금융상품의 월 납입액이 100만 원을 넘는다면 이는 불공정 영업행위에 해당됩니다. 아무리 금리를 낮춰준다고 해도 1%를 넘기면 이는 불법입니다. 1%의 룰을 기억하세요.

그리고 급여 이체가 되고 있는 주거래은행에서 대출을 받는 것이 유리합니다. 최근 전산시스템이 좋아져서 대출받게 되면 은행 직원들의 모니터에 해당 대출자에 적용되는 우대금리 항목이 뜨는데요. 우대금리를 받을 수 있는 첫 번째 항목이 바로 '급여 이체'입니다. 추가적인 상품 가입 없이도 급여 이체를 해당 은행 계좌로 해두면 우대 금리를 적용받을 수 있습니다. 예를 들어 이미 대출받는 은행에 적금도 있고 청약통장도 있다면 굳이 새로 가입할 필요는 없습니다. 모두 대출 우대금리에 자동 적용됩니다.

최고·최저의 함정에 빠지지 말라

"최고 연 9% 금리 적금 가입하세요!", "직장인 최저 연 2.75%로 최대 1억 원까지 대출!"

세상에, 적금 금리가 연 9%? 신용대출인데 연 2%대로 가능하다고? 한 푼이라도 아쉬운 요즘, 정말 자극적인 유혹일 수밖에 없습니다. 우리는 정말 금융회사에서 연 9%의 이자를 받고, 연 2%대 금리로 대출받을 수 있는 걸까요? 이번에는 금융권에서 단골로 쓰이는 문구, '최고·최저'에 대해 살펴보겠습니다.

"50%가 아니라, ~50%입니다"

사실 금융회사뿐만 아니라 '최고, 최저, 최대' 등 극단적인 느낌을 주는 단어는 곳곳에서 찾아볼 수 있습니다. 평소 자주 방문했던 신발 매장 앞에 '50% 파격 세일'이라는 현수막이 붙어있다면 일단 당장 필요한 신발이 없어도 들어가게 됩니다. 하지만 가까이 가서 현수막을 다시 보면….

<u>최대</u> 50% 파격 세일

'최대'가 숨어있었습니다. 모든 물건을 전부 반값에 준다는 의미가 아니라 '최대 50%' 할인해준다는 의미입니다. 쉽게 표현하면 '~50%'입니다. 매장에 가보면 정작 반값에 주는 신발은 한두 켤레뿐, 대부분 10~20%만 할인해주는 당황스러운 상황을 누구나 한 번쯤은 겪어보셨을 것 같습니다.

그럼 다시 금융사 이야기로 돌아가보겠습니다. 최고라는 단어는 언제 들어도 좋습니다. 은행에서도, 카드사에서도, 보험사에서도 '최고의 고객'이면 좋겠죠. 은행들이 제공하는 파격적인 '연 최대 9%' 금리의 적금들, 정답부터 이야기하면 말 그대로 '연 최대 금리는 최고만' 받을 수 있습니다. 개념은 다르지만 제가 신발 매장을 먼저 예로 든 것처럼, 모든 것들을 50% 할인주는 천국이 아니라는 의미입니다.

최고가 되고 싶어? "그럼, 충성해"

그럼 본격적으로 상품을 자세히 들여다볼까요? 최근 A 은행에서 판매했던 적금 상품이 있습니다. 뱅킹 앱에서 해당 상품을 클릭하면 '최고 연 7% 이자'라는 문구가 뜹니다. 저금리 시대에 판매됐던 상품 중 연 금리가 7%라면 무조건 가입해야 하는 필수 재테크 상품일 것입니다. 가입하기 버튼을 눌러봤습니다.

가입 기간 6개월, 월 저축 한도 30만 원 이내. 약간의 허탈함이 느껴집니다. 30만 원씩 딱 6개월만 넣을 수 있는 적금이었습니다. 그럼 그렇지, 하지만 공짜로 마구 퍼줄 수 없는 은행들의 상황도 이해해야 하겠죠. 금액은 적지만 그래도 금리가 높으니 가입해보기로 합니다. 가입 버튼을 누르니 상품 설명서가 등장합니다.

첫 번째 당황 포인트, 해당 상품의 기본 금리는 연 1.00%입니다. '상품을 잘못 눌렀나?' 생각할 수 있습니다. 하지만 제가 선택한 A 은행의 그 적금 상품이 맞습니다. '최고 연 7%'라는 금리는 기본 연 1.0%에 우대금리를 최대 6.0%p까지 더 받아 최고 7%까지 채울 수 있다는 의미였습니다.

그렇다면 우대금리를 꼭 챙겨야겠죠. 두 번째 당황 포인트, '적금 가입 기준 직전 6개월간 B 카드 이용 이력이 없는 신규 가입자'만 우대금리를 받을 수 있다고 합니다. 해당 은행 계열 카드사의 신규 카드 고객만 이 우대금리를 받을 수 있는 겁니다. 그리고 이 카드를 발급만 하면 안 되고 적금 가입 기간 동안 일정 금액 이상 사용해야 합니다. 또 하나의 우대금리 요건은 'B 카드 마케팅 동의를 해야 한다'는 것이었습니다.

또 다른 C 은행에서 판매 중인 연 6.0%짜리 적금 상품. 이 상품도 마찬가지로 기본 금리는 연 1.0%, A 은행처럼 계열사 카드를 신규 발급받은 뒤 일정 금액 이상 사용해야만 최고 금리를 적용해줍니다. 정답이 나왔습니다. 최고 금리를 받고 싶다면 적금뿐만 아니라 신용카드까지 발급해 일정 금액을 사용해주는 '충성고객'이 돼야 한다는 설명입니다.

당신은 1등급인가요?

그렇다면 반대로 '최저'에 대해 다뤄보기로 하겠습니다. 낮으면 낮을수록 좋은 것, 바로 대출금리입니다. 이자를 받을 땐 많을수록 좋지만 내가 내야 하는 이자는 적을수록 좋습니다. 사실 적금의 최고 금리는 추가 상품 가입 등의 노력만 곁들인다면 얻을 수 있습니다. 하지만 대출금리는 원한다고 되는 것이 아닙니다. 먼저, 은행연합회 홈페이지에 은행별 금리 공시를 확인해봤습니다. 2022년 3월 기준 실제 주요 5대 시중은행들은 2%대 신용대출을 취급하고 있었습니다. 그렇다면 은행에 가면 2%대 금리로 돈을 빌릴 수 있는 걸까요? 아닙니다. 신용등급이 낮아질수록 적용되는 금리는 최고 13%까지 뜁니다. 말 그대로 2%대 금리는 1등급에만 적용되는 '최저' 수치였습니다.

각 협회에서 공시하고 있는 이 숫자보다 현실은 더 처참할 수 있습니다. 해당 숫자들은 단순 참고용 평균치입니다. 각 공시표 맨 왼쪽에 있는 최고 등급의 숫자는 '사실상 현실에선 적용받기 힘든 금리'라고 보시면 됩니다.

'최고·최저' 광고에 혹하지 말자

은행들은 고객을 확보하기 위해 너도나도 최저 금리, 최고 금리 경쟁을 펼칩니다. 엄밀히 말하면 허위광고는 아닙니다. 분명 여러 노력을 통해 또는 완벽한 신용등급 관리로 해당 금리를 적용받는 사람들이 일부라도 있을 테니까요.

하지만 적금에 가입할 때 카드를 만들 생각도 없고 일정 금액 이상 사용할 자신이 없다거나 신용등급은 하위권, 대출도 간신히 나오는 상황이라면, 미리 마음의 준비를 하는 게 좋습니다. 은행에서 홍보 중인 저 최저 금리 혹은 최고 금리는 내 것이 아닙니다. 기대가 크면 실망도 크기 마련입니다.

은행별로 혹은 저축은행이나 카드사별로 상품의 금리를 비교할 때 최저와 최고 금리만 보고 비교할 것이 아니라 자기가 어떤 군에 속하는지, 적용받는 실제 금리는 어떤지를 금융사별로 꼭 확인해봐야 합니다. 광고상으로는 A 은행의 최저 대출금리가 B 은행보다 낮았는데, 실제 신용점수를 적용해보면 B 은행에서의 금리가 더 낮을 수도 있습니다. 단순히 '최고·최저'의 함정에 빠지지 않도록 주의하기 바랍니다.

슬기로운 TIP

그렇다면 '최고'에 근접한 고객이 될 수 있는 방법은 무엇일까요? 한국신용정보원에 좋은 대출금리를 적용받을 수 있는 '올바른 신용 관리법'을 문의해보았습니다.

먼저 대출과 연체 금액 줄이기입니다. 오래된 연체와 이자율이 높은 것부터 우선 줄여 나가는 게 신용도를 높이는 데 도움이 된다고 합니다. 또한 주거래은행을 정해 거래실적을 쌓아두는 것도 방법입니다. 특히 국민연금이나 가스비, 통신비 등 공공요금 납부 실적을 금융회사에 제출하면 대출받을 때 신용도 향상에 도움을 준다고 합니다. 그리고 현금서비스 등 높은 금리의 대출상품을 빈번하게 이용하지 않도록 주의해야 한다는 점도 포함되어 있었습니다.

또 하나 체크해야 할 점은 다음과 같습니다. 연락처 변경으로 신용거래나 결제 관련 통보를 수신받지 못해 연체가 발생하는 분들이 은근히 많다고 합니다. 연락처 변경 사유로 내 신용도가 하락한다면 너무나 억울한 일이겠죠. 주소와 이메일, 전화번호가 변경됐을 경우 거래 금융사에 즉시 통보해서 억울하게 신용도가 떨어지는 일을 사전에 방지하기 바랍니다.

보험사가 내 보험금을 안 준다

가입할 때는 분명히 수술비를 모두 보장해줄 것처럼 이야기했는데 막상 수술받고 나니 그중 일부 약물 투여비는 보장이 안 된다 하고, 수술에 필요한 일부 검사비는 제외한다고 하고…. 다 맞는 말 같은데도 뭔가 속은 것 같은 억울한 이 기분, 어떻게 하지?

금융상품을 이용하다 보면 답답하고 억울한 일이 발생할 때가 있습니다. 신용카드 명의를 도용당하거나, 내가 가입한 보험으로 보장을 제대로 받을 수 없을 때 막막함이 밀려옵니다. 이런 경우 소비자들을 구제할 수 있는 절차들이 있습니다. 바로 민원 신청입니다. 금융 민원을 신청할 수 있는 곳과 절차에 대해 자세히 다뤄보겠습니다.

보험 민원이 절반 이상 … 불완전판매 가장 많아

지난해 상반기 기준 금융권에서 접수된 민원은 총 4만 2,725건입니다. 그중 가장 높은 비중을 차지하고 있는 민원은 무엇일까요? 바로 보험업권의 민원입니다. 손해보험의 민원은 전체 중 36.7%, 생명보험은 22.1%를 차지하고 있어 보험업권의 민원만 전체의 절반이 넘습니다.

보험은 장기상품인 데다 복잡한 특약으로 이뤄진 상품이라 소비자들의 민원이 가장 많은 것으로 분석됩니다. 생명보험의 경우 모집 과정에서 불완전판매가 이뤄지는 보험모집 유형이 민원 중 가장 많았고, 손해보험의 경우 보험금 산정과 지급 유형이 가장 많았습니다.

보험모집 중 가장 논란이 되는 부분은 보장성 보험을 마치 저축성인 것처럼 오인하게 해서 판매하는 불완전판매입니다. 예를 들어 종신보험의 경우 가입자가 사망했을 때 사망보험금이 나오는 상품인데도 불구하고, 은행 이자보다 더 받을 수 있는 저축상품인 것처럼 설명해 판매하는 것입니다. 보장성 보험은 기본적으로 중도해지를 할 경우 원금 보장이 되지 않습니다. 이를 제대로 설명하지 않고 무조건 높은 이자를 받을 수 있다고 설명한 뒤 판매하는 행위는 불완전판매입니다.

자체 금융사에서 해결 안 되면 금감원으로

위와 같은 사례가 있는 경우, 일차적으로 억울함을 이야기할 수 있는 창구가 있는데 바로 금융회사 고객센터입니다. 각 금융사들은 고객들의 불만을 들어줍니다. 금융회사 차원에서 해결이 가능한 문제는 고객센터 전화 한 통만으로 가능하지만, 사실 그렇지 않은 경우가 더 많습니다.

이럴 경우 차선책으로 찾을 수 있는 창구로 크게 두 가지가 있습니다. 바로 금융협회와 금융감독원입니다. 은행연합회와 생명보험협회, 손해보험협회, 여신금융협회 등 각 금융사를 회원으로 둔 금융협회에도 각각 민원 상담 센터가 설치돼 있어 관련 상담을 받을 수 있습니다. 직접적인 민원 해결 기구는 아니지만 문제 해결을 위한 팁과 절차 등을 안내받을 수 있습니다.

두 가지 창구를 거쳤는데도 억울함이 풀리지 않을 경우, 마지막 하나는 바로 금감원 민원센터입니다. 금융회사를 감독하는 기관인 만큼 모든 금융사에 대한 민원 신청을 금감원을 통해 할 수 있습니다. 금감원이 분쟁을 조정해주는 중간 역할을 해주는 셈입니다.

경미한 민원은 전화로 가능 ⋯ 신청양식 구비해야

금감원에 민원을 신청하려면 직접 방문하거나 우편 제출, 팩스, 인터넷 제출이 모두 가능합니다. 다만 금감원 민원 신청은 일반 금융사 고객센터에 민원을 접수하는 것과 달리 정해진 양식이 있습니다. 방문이나 우편을 통해 접수할 경우 금감원 홈페이지에서 민원 신청 서류 양식을 다운로드받아 작성 후 신청이 가능합니다. 여기에 개인정보 제공 동의 등 각종 서류도 지참해야 합니다.

국번 없이 '1332' 전화를 통해서도 민원 접수가 가능하지만, 전화 접수는 본인 확인이 불필요한 민원 사항과 민원인이 권리와 의무를 서류로 확인할 필요가 없는 경미하고 일상적인 단순 질의나 상담만 가능합니다. 만약 금융사와 금융거래 등에 대해 사실관계 조회가 필요하거나, 개인정보의 취득이 필요한 경우에는 전화 접수가 불가능하다는 점을 숙지해야 합니다.

금감원의 금융 민원 처리 기간은 분쟁조정 민원의 경우 30일, 기타 금융 민원은 14일 이내로 홈페이지에 기재돼 있습니다. 다만 서류 보완이나 사실관계 조사 등이 필요한 경우 시간은 더 소요될 수 있습니다. 공휴일과 일요일도 처리 기간에서 제외됩니다.

민원이 접수되면 금감원은 해당 금융사에 민원에 대한 답변 또는 해명을 요청하고, 「금융업법」 등을 고려해 분쟁조정을 시작합니다. 민원의 처리 과정은 접수번호를 통해 민원센터 홈페이지 '나의 민원'에서 확인할 수 있으며, 문자메시지나 이메일로도 진행 사항을 확인할 수 있습니다.

시일 걸리는 점은 한계 … 금감원 결정 불복엔 소송으로

실제 민원인과 금융사의 갈등이 극명하고, 관련 법 또한 애매한 경우 길게는 수개월, 1년이 넘어도 해결이 되지 않는 사례들이 있습니다. "금감원에 아무리 이야기해도 수개월째 답변이 없다"며 답답함을 토로한 제보도 많이 받았습니다. 금감원 측은 인력 부족을 이유로 듭니다. 수많은 민원이 접수되는 데다, 사실관계 확인이 필요한 보험 불완전판매나 약관 해석에 대한 민원의 비중이 큰 만큼 해결에 시일이 걸린다는 설명입니다.

그렇다면 모든 민원은 금감원에서 마무리되는 걸까요? 분쟁조정 과정에서 금감원이 금융사에 이첩해 자율 조정을 권고하거나 소비자가 직접 취하하는 사례도 있지만, 사안이 엄중한 경우는 분쟁조정위원회를 거쳐 금융사 제재가 이뤄지기도 합니다. 하지만 금감원의 결정에 금융사가 불복하는 사례도 있고, 소비자 역시 금감원의 조정을 인정하지 않는 경우 결국 소송으로 이어집니다.

다만 개인이 금융사를 상대로 소송을 제기할 경우 비용이나 시간 측면에서도 물론이고, 전문성 측면에서도 불리한 게 사실입니다. 실제로 승소 사례도 많지 않습니다. 이런 경우 금융소비자 단체를 통해 민원 사항을 공유하고 공동소송을 진행하는 방안도 있습니다.

슬기로운 TIP

최근 금감원에 민원을 접수하는 민원인들이 증가하고 있는데, 유의해야 할 점이 있습니다. 금감원 검사 대상 기관이 아닌 경우 금감원에서 해결해줄 수 없습니다. 금융 민원인 것 같으면서도 아닌 것 같은 애매한 경우, 문의해야 할 소관 부처를 안내해드립니다. (출처: 금감원)

① 우체국 및 통신과금서비스 제공자 → 과학기술정보통신부

② 새마을금고 → 행정안전부

③ 택시(버스, 화물, 주택, 건설)공제 → 국토교통부

④ 각 시·도 등록 대부업자 → 관할 시·도

⑤ 다단계업자, 방문판매업자 → 공정거래위원회, 관할 시·도

⑥ 개인 워크아웃 및 신용 회복 관련 민원 → 신용회복위원회

'혜자 카드'
왜 사라지나 했더니…

어디서든 무조건 할인해주고, 포인트도 팍팍 쌓아주는 일명 혜자 카드. 왜 요즘은 만족스러운 혜택의 카드들을 찾기가 힘들어진 거죠?

연초부터 금융소비자들의 불만의 목소리가 잦습니다. 금리가 올라 대출 부담도 커진 데다, 좋은 혜택을 자랑했던 알짜 카드들마저 하나둘 단종되기 시작했기 때문입니다. 팍팍한 살림살이에 그나마 쏠쏠한 혜택을 챙기는 재미가 있었던 신용카드들, 대체 왜 사라지고 있는 걸까요?

작년에만 200여 개 카드 단종

2021년 신한과 KB, 삼성, 현대, 롯데, 우리, 하나카드 등 7개 전업 카드사가 발급 중단한 카드는 총 192종입니다. 일부 제휴카드의 경우 제휴사의 사정으로 발급이 중단되는 경우도 있지만, 대부분 카드사에서 자체적으로 발급을 중단한 카드들입니다.

발급 중단된 카드들을 살펴보면, 알짜 혜택을 자랑하는 일명 '혜자 카드'들이 포함돼 있습니다. 올해에도 카드사들은 혜자 카드 줄이기에 나섰는데, 최근 발급이 중단된 A 카드는 1,000원 미만의 잔돈을 포인트로 적립해주는 '똑똑한' 카드로 꼽혀왔습니다.

인터넷 쇼핑몰이나 소셜커머스에서 2만 원 이상 결제하면 10% 이상의 할인 혜택을 제공했던 B 카드도 신규 발급이 중단됐습니다. 사실 최근 출시된 카드 중 가맹점에서 10% 이상 할인 혜택을 주는 카드를 찾기는 쉽지 않습니다. 일부 카드는 아예 특정 가맹점의 할인 서비스가 사라지거나, 서비스 이용료가 인상되기도 했습니다.

"이걸로 먹고 사는데" … 정부가 대폭 낮춘 수수료

그렇다면 이렇게 좋은 혜택 카드들의 신규 발급을 중단하는 이유는 무엇일까요? 바로 '비용 절감' 때문입니다. 카드사들의 주 수익원은 크게 두 가지로 나뉩니다. 바로 카드 결제 시 회사가 거둬들이는 가맹점 수수료와 소비자들이 이용하는 현금서비스, 카드론의 대출이자입니다.

카드사는 가맹점에서 자사 카드의 결제가 가능하도록 가맹점 계약을 맺는데, 결제 대금에 대한 수수료를 받습니다. 이 수수료가 카드사의 주 수익원인 '신용판매 수익'입니다. 하지만 카드수수료는 정부의 규제를 받습니다. 영세 가맹점들에 과도한 수수료 부담을 주지 않도록 정부가 수수료율을 책정하는 것입니다.

매출 2억 원 이하의 영세 가맹점 수수료율은 지난 2012년 1.8%에서 1.5%로 인하됐습니다. 당시 카드수수료가 부담된다며, 소상공인 단체가 목소리를 높였고, 정부는 이를 받아들여 3년에 한 번씩 카드수수료 원가를 분석해 수수료율을 책정하기로 했습니다.

1.5%였던 영세 가맹점 수수료율은 2015년 0.8%로 대폭 낮아지고, 2017년에는 영세 가맹점을 규정하는 연 매출 범위도 2억 원에서 3억 원으로 확대됩니다. 그리고 2021년, 0.8%의 수수료율은 0.5%로 또 한 번 인하됩니다. 카드사 입장에서는 가맹점에서 받을 수 있는 수수료가 크게 줄어든 셈입니다.

카드사, 결국 비용 절감이 생존 방안 … 혜택 더 줄인다

카드론도 상황은 마찬가지입니다. 카드론 금리는 가맹점 수수료율처럼 정부가 정하진 않지만, 고금리의 대출상품인 만큼 정부의 암묵적인 압박을 받을 수밖에 없습니다. 최근에는 카드론도 총부채원리금상환비율(DSR)에 포함되는 규제가 적용되고, 높은 금리를 적용하는 카드사는 '나쁜 카드사'로 낙인찍히는 등 더 이상 적극적으로 영업을 할 수 있는 상황도 아닙니다.

카드사 입장에서는 주 수익원인 가맹점 수수료와 카드론 수익마저 막히게 된 상황이라, 수익을 내기 위해선 결국 '비용 절감'을 택할 수밖에 없습니다. 카드사들의 비용 절감은 물론 구조조정 등 인력 감축도 있겠지만, 좋은 혜택을 담은 카드들의 발급 중단도 비용 절감 방안에 포함되겠죠.

일반적으로 카드사들이 신상품을 만들 때 손익 구조를 잘 따져보고 만들긴 하지만 가입자, 즉 카드 사용자를 늘리기 위해 파격적인 혜택을 담는 경우가 종종 있습니다. 하지만 최근과 같은 비용 절감 정책에 따라 이런 카드들은 오랜 기간 생존하지 못하고 결국 역사 속으로 사라지는 안타까운 일들이 발생하게 됩니다.

더욱 안타까운 것은 이런 혜택 축소가 당분간 더 지속될 것이 란 점입니다. 지난해 말 카드 수수료율이 추가로 인하되면서 카드 사들은 올 초부터 비용 절감 방안을 빠르게 추진 중입니다. 일부 혜자 카드들이 사라진 데 이어 과거처럼 좋은 혜택의 신상품도 올 해는 기대하기 힘들 것으로 업계는 전망하고 있습니다. 결국 피해 자는 소비자입니다.

슬기로운 TIP

카드사들은 홈페이지 '부가서비스 변경란'을 통해 혜택 변동 내역을 공시하도록 돼 있습니다. 개별 메일로 발송되는 경우도 있지만, 카 드의 혜택 변화가 있는지 꼼꼼히 확인하려면 홈페이지 공지란을 확 인하는 것이 좋습니다.

사실 카드 사용자들은 신용카드나 체크카드를 구매 현장에서 '긁기 만' 하지 부가적인 혜택은 활용하지 않는 경우가 많습니다. 조금 귀 찮더라도 내가 사용하는 카드사의 홈페이지나 앱을 자주 들여다보 는 것도 꿀팁입니다.

카드 회원들을 대상으로 하는 다양한 이벤트, 예를 들어 일정 금액 이상 결제했을 때 응모할 수 있는 경품 이벤트가 있는데 모르고 지 나가는 경우도 많죠. 기간에 따라 추가 포인트 적립 혜택이나 쿠폰 을 제공해주는 혜택도 있으니 홈페이지나 앱을 자주 방문해보기 바 랍니다.

금융소비자들 사이에서 '혜자 카드'로 불렸던 다양한 혜택을 자랑했던 혜담카드. 현재는 단종돼 발급받을 수 없다. [출처: KB국민카드]

은행에 대출이자 깎아달라고 요청해봤다

"너무 비싸서 그런데… 대출이자 좀 깎아주세요."

실제로 은행에 대출이자를 깎아달라고 요청해봤습니다. 이번 주제는 바로 '금리인하요구권'입니다. 단순히 제목만 보고 "정신 나갔나? 은행이 이자를 왜 깎아줘?"라고 할 수 있겠지만 대출을 받은 모든 사람들에게는 금리인하를 요구할 수 있는 권리가 있습니다. 물론 권리를 행사하려면 일정 수준의 자격을 갖춰야 하긴 합니다. 주택담보대출에 마이너스통장까지 쓰고 있는 저의 실제 금리인하 요구 체험썰(?)을 풀어보겠습니다.

연봉 오르면 대출금리 깎을 수 있다

먼저 금리인하요구권의 개념부터 살펴보기로 합니다. 말 그대로 '금리를 깎아달라'고 요구할 수 있는 권리입니다. 하지만 금융 사들이 모든 사람들에게 금리를 깎아줄까요? 여기에는 자격 조건 이 있습니다. 금리인하 요구는 크게 개인과 기업이 할 수 있는데, 개인의 경우 취업이나 승진, 재산 또는 신용평가등급 상승 등 신용 상태의 개선이 나타났다고 인정되는 경우 가능합니다. 기업의 경우에도 재무 상태 개선 또는 신용평가등급 상승 등 신용 상태의 개선이 나타난 경우 해당됩니다.

예를 들어 일정한 소득이 없던 사람이 신용대출을 높은 금리 에 쓰고 있었는데, 취업이 되면서 소득이 높아진 경우 또는 승진 으로 인해 연봉이 많이 늘어난 경우 기존 적용받던 대출금리를 '깎아달라'고 요구할 수 있다는 의미입니다. 대출을 받은 사람이 면 누구나 당당히 행사할 수 있는 법적 권리인데 생각보다 이를 모르는 사람들이 많아 신청 건수는 생각보다 많지 않습니다. 하지 만 최근 금리인상 등으로 이자 부담이 커진 대출자들의 경우 금리 인하요구권을 적극적으로 활용할 필요가 있겠죠.

자격 조건의 큰 틀은 신용등급의 상승인데, 금융사마다 세부 기준이 다릅니다. 금리인하 폭도 신용도 개선 정도에 따라 다르기 때문에 해당 금융기관에 방문하거나 콜센터 상담 등을 통해 미리 확인한 후 신청하는 것이 좋습니다.

정책금융·집단대출은 금리인하요구권 대상에서 제외

저 역시 금리인하를 요구할 수 있는 대상이 되는지 확인하기 위해, 이용하고 있는 한 시중은행의 콜센터에 전화를 걸었습니다. 몇 가지 개인정보로 본인 확인을 하면 이용하고 있는 대출상품과 대출금리를 안내해줍니다.

저는 약 6년 전 A 은행에서 주택담보대출을 받았고, 이후 이사 등 추가로 필요한 비용들이 많아 이 은행에서 마이너스통장까지 개설했습니다. 지난 6년간 매달 100만 원이 넘는 돈을 대출이자로 꼬박꼬박 납부하고 있습니다.

먼저 결론부터 알려드리면, 제가 이용하고 있는 주택담보대출은 금리인하 요구 대상에 포함되지 않는다는 청천벽력 같은 답변이 돌아왔습니다. 이유를 물어보니 시중은행에서 대출받았더라도 정책금융상품을 이용한 경우 해당 사항이 아니라는 겁니다. 제가 이용한 대출은 주택금융공사 모기지론으로, 약속한 기간까지 고정금리로 책정된 상품이라 금리인하요구권을 사용할 수 없다는 답변을 받았습니다.

그렇다면 마지막 희망인 마이너스통장. 이 역시도 실패했습니다. 제가 사용하는 마이너스통장은 개인 신용대출로 받은 것이 아닌 회사에서 은행과 연계해 임직원들에게 제공해주는 대출을 활용했는데, 기업 집단대출로 잡힌 경우에도 금리인하요구권을 행사할 수 없다고 합니다. 저는 결국 두 건 모두 금리인하요구권 행사에 실패했습니다.

금리인하 요구 신청, 절반 이상은 탈락

취재를 위한 것이긴 했지만 대출이자를 줄일 수 있다는 약간의 기대감이 있었는데, 결국 물거품이 돼 버렸습니다. 생각보다 제한적이었습니다. 실제로 금융권의 금리요구 인하 수용률은 그리 높지 않습니다. 은행의 경우 2021년 상반기 기준 25% 수준으로 10명 중 3명조차도 금리인하 혜택을 못 받는다는 의미입니다.

카드나 보험, 저축은행 등 2금융권의 수용률은 은행보다는 높은 수준이지만 약 50~60%대로 여전히 신청자의 절반은 탈락하는 경우가 많습니다. 시행 초기 홍보 부족으로 금리인하요구권이 유명무실하다는 지적이 제기되면서 2019년 6월부터 정부는 이를 법제화했습니다. 금융회사가 의무적으로 금리인하요구권을 소비자들에게 안내하도록 한 것입니다.

이렇다 보니 너도나도 금리인하를 신청했고, 접수 건수가 큰 폭으로 증가했지만 자격이 되지 않아 거절당하는 사례가 많았다는 게 금융권의 설명입니다. 특히 2금융권의 경우에는 주로 중·저신용자들이 많아 신용등급 개선 조건에 부합하지 않는 경우도 많다고 합니다.

하지만 잇따른 기준금리 인상으로 대출금리 역시 더 오를 것으로 전망되는 상황입니다. 금리인하요구권의 적극적인 활용이 그 어느 때보다 필요한 시기로 보입니다. 저의 경우 정책 모기지 상품에 기업 대출 이용자로 대상자에 포함되지도 못했지만, 일반 대출을 이용하고 있는 분들은 자신의 신용도나 연봉 등을 체크해 개선 요인이 있으면 적극 활용해보기를 추천합니다.

슬기로운 TIP

보통 금리인하요구권을 알아보는 분들은 비싼 대출금리에 부담을 느끼는 분들이라 대환대출을 함께 알아보는 경우가 많습니다. 일명 대출 갈아타기라고 하죠. 금리가 저렴한 다른 금융기관의 대출로 갈아타는 것도 방법이긴 하나 이 경우에는 중도상환수수료라는 원치 않는 비용이 발생할 수 있습니다. 조건이 된다면 금리인하요구권을 통해 어느 정도 금리를 낮출 수 있는지 먼저 체크한 뒤, 각종 부대비용을 고려해 비교해보는 것이 좋습니다.

저의 사례처럼 정책금융상품을 이용한 경우나, 집단대출의 경우 해당 사항이 아닐 수 있으니 가능 유무에 대해 우선적으로 상담받는 것을 추천합니다. 만약 해당 조건이 된다면 금융사에서 요구하는 증빙서류를 준비한 뒤 방문하면 신청 후 약 10일 이내에 결과와 사유를 안내받을 수 있습니다.

특히 올해부터는 금리인하요구권 신청 요건이 표준화됩니다. 금융회사들이 매년 2회씩 정기적으로 이를 안내하도록 의무화됩니다. 금리인하요구권에 대한 홍보가 활성화되는 만큼 대출자들의 이용도 늘어날 것으로 전망하고 있습니다.

당신이 건강해야 우리도 살아요

"걷기만 하면 월 최대 3,000포인트를 드립니다."

　열심히 걷기만 해도 현금처럼 사용할 수 있는 포인트를 주고 식단관리를 잘해도 포인트를 준다고요? 이렇게 부모님만큼이나 나의 건강을 기원하는 곳은 대체 어디일까요? 바로 보험사입니다. 최근 보험사들은 보험계약뿐만 아니라 계약자의 건강을 관리해주는 '헬스케어 서비스'를 제공하고 있습니다. 걸음 수를 측정하는 것부터 시작해 앱으로 내 스트레스 지수를 측정하는 서비스까지, 헬스케어 서비스는 날로 진화하고 있습니다. 이와 같이 보험사들이 계약자들의 건강 관리에 눈을 돌린 이유는 무엇일까요?

열심히 걷기만 해도 보험료 할인

헬스케어 서비스, 말 그대로 건강을 관리해주는 서비스입니다. 국내뿐만 아니라 해외에서도 헬스케어 시장은 매년 확대되고 있습니다. 지난 2015년 790억 달러 수준이었던 세계 헬스케어 시장 규모는 지난해 2,060억 달러까지 확대됐습니다. 고령화 시대로의 진입이 빨라지고 의학 기술이 발달하면서 건강에 대한 관심 역시 높아지고 있는 데 따른 것으로 분석됩니다.

국내에서 헬스케어 시장에 가장 관심을 보이는 곳은 바로 보험사입니다. 최근 보험사들은 보험계약과 함께 가입자들의 건강을 꾸준히 관리해줄 수 있는 다양한 서비스들을 내놓고 있습니다. 최근 가장 흔하게 볼 수 있는 헬스케어는 '운동'과 연계된 서비스입니다.

보험 가입 후 스마트기기 또는 스마트폰과 연계해 걸음 수를 측정하고, 목표한 걸음 수에 도달하면 보험사가 가입자에게 포인트 등 리워드 서비스를 제공하는 것입니다. 현재 국내 주요 보험사들은 대부분 모바일 앱을 통해 이 같은 헬스케어 서비스를 제공하고 있고, 실제로 이를 통해 보험료 할인 효과를 보고 있는 계약자들도 늘고 있습니다. 보험사가 제공하는 리워드인 포인트는 물품을 구매할 때 사용할 수도 있고, 보험료 결제에 활용할 수도 있습니다.

나아가 보험사들은 단순히 스마트기기를 연동한 것뿐만 아니라 인공지능(AI), 빅데이터 등 혁신 기술을 접목한 서비스로 그 범위를 확장하고 있습니다. 최근에는 스마트폰 안면인식을 통해 심박수와 스트레스 지수를 측정하는 보험사의 헬스케어 플랫폼도 등장했습니다.

보험 가입자들이 아프면 '손해율 비상'

그렇다면 수많은 금융사 중 왜 보험사들이 유독 헬스케어 시장에 관심이 많을까요? 보험사들이 상품을 개발할 때 자주 활용하는 단어, '손해율'이라는 것이 있습니다. 손해율이 높다는 것은 보험사들이 계약자로부터 거둬들인 보험료보다 계약자에게 지급하는 보험금이 더 많다는 의미입니다. 손해율이 높은 상품은 말 그대로 '돈이 안 된다'는 의미겠죠.

보험사들이 판매하는 종신보험, 건강보험의 경우 계약자의 건강 상태와 밀접한 관련이 있습니다. 건강보험 가입자가 암과 같은 중대 질병에 걸릴 경우, 보험사는 약관에 따라 보험금을 진단합니다. 입원이나 수술도 마찬가지입니다. 실손보험을 통해 가입자에게 진료비를 보험금으로 지급하게 되죠. 가입자에게 지급되는 보험금이 늘면 늘수록 보험사 입장에서는 손해율이 높아지게 됩니다. 정리해보면 가입자가 건강해야 보험사도 돈을 번다는 의미입니다.

이와 유사한 의미로 보험사에는 '건강체 할인'이라는 것도 있습니다. 질병 이력이 없거나, 흡연하지 않는 경우 등 '건강한 신체'라는 것이 확인되면 보험료를 할인해주는 특약입니다. 물론 다양한 특약과 서비스로 고객을 확보하려는 의도도 있지만, 보험사 입장에서는 과도하게 지급되는 보험금을 줄이기 위해 최대한 가입자의 건강을 증진시켜 주는 것이 또 하나의 과제인 셈입니다.

헬스케어 시장 활성화, 데이터 확보가 관건

가입자 입장에서는 건강 관리를 편리하게 할 수 있고, 보험사 입장에서는 고객 관리와 함께 손해율 관리에도 도움을 줄 수 있는 만큼 헬스케어 서비스는 서로에게 '윈윈'인 사업일 수밖에 없습니다. 이 때문에 헬스케어 시장에 뛰어드는 보험사가 늘고 있고, 결국 경쟁도 치열해집니다.

보다 다양한 형태, 보다 차별화된 서비스를 내놓는 것만이 고객을 확보할 수 있는 유일한 방법이기 때문입니다. 보험사들이 헬스케어 서비스를 확대하기 위해선 꼭 필요한 것이 있는데, 바로 '데이터'입니다.

보다 정교한 서비스, 나아가 헬스케어를 상품화하려면 그만큼 다양한 건강 데이터가 필수입니다. 현재 보험사들은 고령자나 유병자들을 대상으로 한 맞춤형 보험상품이나 헬스케어 서비스를 개발하기 위해 건강보험공단을 통한 보건의료 데이터 공유를 추진 중입니다. 보건의료 데이터를 확보해야만 더 정교한 건강상품과 서비스 개발이 가능하기 때문입니다.

하지만 국내에서는 개인정보 유출 우려 등으로 데이터 개방에 대한 보수적인 시각이 지금까지 우세합니다. 이 때문에 보험사들은 필요한 보건의료 데이터를 해외에서 구매해오는 실정입니다. 국내 헬스케어 시장이 성장하려면 아직 넘어야 할 산이 많아 보입니다.

옛날처럼 보험 가입만 하고 끝이라고 생각하면 손해입니다. 당장 활용할 수 있는 헬스케어 서비스에는 어떤 것들이 있을까요? 국내 주요 보험사들은 목표 걸음 수를 충족하면 월 최대 3,000~5,000포인트를 제공하는 헬스케어 서비스를 운영하고 있습니다.

스마트 밴드 등 기기나 기존 사용하고 있던 걸음걸이 앱과 연계해 걸음 수를 측정하는 방식입니다. 건강보험 가입자들은 해당 보험사의 헬스케어 앱을 추가로 다운받아 이용 가능합니다. 운동 연계 서비스 외에도 1:1 건강상담이나 식단관리 등 다양한 헬스 프로그램을 만날 수 있고, 홈트레이닝 영상도 시청이 가능하니 내가 가입한 보험사의 '헬스케어 앱'을 꼭 확인해보기 바랍니다.

그렇다면 헬스케어 서비스는 건강한 사람들만 이용할 수 있을까요? 아닙니다. 보험사들은 암환자 등 유병자들을 대상으로 헬스케어 서비스를 확대하고 있습니다. 가사도우미 지원이나 대면 심리상담 서비스, 암환자에 특화된 프리미엄 케어 서비스 등 다양한 특화 서비스들이 있습니다.

암보험에 가입할 때 함께 제공되는 헬스케어 서비스는 보험사별로 상이하니 비교해보고 가입하시는 것을 추천합니다. 아픈 곳 없이 건강한 상태일 때는 보험료 할인 혜택을, 만약 유병자라면 사후관리를 받을 수 있는 서비스가 어떤 것들이 있는지 확인한 뒤 꼭 활용해보기 바랍니다.

카드값 100만 원 나왔는데 계좌엔 70만 원밖에 없을 때

"이렇게 많이 썼던가…."

　카드 고지서에 적힌 금액은 100만 원, 하지만 내 계좌엔 70만 원 뿐…. 휴, 한숨부터 나옵니다. "돈도 없으면서 무슨 카드를 그렇게나 썼어?", "그깟 30만 원 갖고 무슨 고민?"이라고 할 수 있겠지만, 생각보다 이런 상황에 놓인 분들이 많습니다. 금액 예시를 100만 원으로 잡았을 뿐, 해당 금액은 200만 원이 될 수 있고, 500만 원이 될 수 있습니다. 갚아야 할 돈과 내 계좌의 잔액 차이가 클수록 고민은 더욱 깊어지기 마련이죠. 이 경우 소비자들이 급하게 사용하는 서비스, 카드 '리볼빙 서비스'에 대해 살펴보겠습니다.

돈 없어도 결제하는 '신비의 세계'에 빠지다

제 첫 신용카드 발급은 사회 초년생이었던 20대였습니다. 계좌에 있는 돈만 알뜰하게 계획해서 써보자며, 체크카드 활용을 이어가던 중 첫 기자생활을 시작했고, 제가 맡은 부서는 금융부, 카드업계 취재를 담당하는 업무를 맡게 됩니다. 신용카드를 써보지 않고서는 카드업계 관련 기사를 쓰는 데 한계가 있을 것 같아 무작정 신용카드부터 발급했습니다. 그때부터 저의 소비계획은 무너졌고 잔고 없이도 결제가 가능한 '신비의 세계'에 빠지게 되었습니다.

신용카드를 사용하면서 저축과 소비계획을 세우는 건 쉽지 않습니다. 사회 초년생이었던 저에게는 더욱 어려운 일이었습니다. 얼마 되지 않는 월급으로 첫 사회생활을 시작하면서 식비와 교통비는 물론 매일 바꿔 입어야 하는 옷을 구매하는 일에 핸드폰 사용료까지. 당시 자취를 했던 저에게는 월세 부담까지 있어 저축은 꿈도 꾸지 못했고, 결국 업권 이해도를 높이기 위해 발급했던 신용카드는 저의 주 결제 수단이 돼 버립니다.

신용카드는 아시다시피 이달 사용을 하면 다음 달에 결제대금을 납부하는 후불 납부 식의 결제 수단입니다. 매일 이용내역과 금액을 체크하면 신용카드도 나름대로 계획대로 사용할 수 있겠지만, 내부분 그렇지 않습니다. 매날 날아오는 고지서에 적힌 금액을 보고 화들짝 놀라는 일이 한두 번이 아닙니다. 이렇다 보니 내 계좌에 남은 액수보다 더 많은 금액을 납부해야 하는 곤란한 상황도 마주하게 됩니다.

최소 금액만 결제하고 나머지는 이월

리볼빙 서비스의 정확한 의미는 일부 결제금액 이월 약정입니다. 말 그대로 신용카드 결제금액 중 일부만 결제하고 나머지는 미뤄서 갚을 수 있는 서비스입니다. 여기서 최소 결제 비율은 5~90%까지 본인이 설정할 수 있습니다. 이달 결제해야 할 카드값이 100만 원인데 당장 목돈 나갈 일이 있어서 몇 달만 카드 대금 결제를 미루는 경우를 예로 들어보겠습니다.

리볼빙 비율을 10%로 설정했다면 이달에는 100만 원의 10%, 10만 원만 결제하면 되고 나머지 90만 원은 다음 달로 이월되는 형태입니다. 만약 한 달 더 리볼빙을 사용한다면 이월된 90만 원에 추가로 해당 월에 사용한 금액(100만 원을 더 썼다고 가정해보겠습니다)을 합한 금액, 190만 원의 10%인 19만 원만 결제하고 나머지 171만 원은 또 그다음 달로 이월됩니다. (수수료를 제외한 단순 계산법입니다.)

이 서비스를 활용할 때 장점은 바로 '연체가 되지 않는다는 점'입니다. 보통 카드값을 제때 내지 못하면 연체가 되고, 이는 곧 신용점수 하락으로 이어지게 됩니다. 하지만 리볼빙 서비스는 카드사가 정당한 수수료를 받고 제공하는 서비스이기 때문에 연체 대상에서 제외됩니다. 긴급한 상황에서 신용 관리를 위해 활용할 수 있습니다.

"급한 불만 끄자" … 수수료 폭탄이 기다린다

하지만 이런 서비스에는 항상 대가가 있습니다. 공짜로 납부 대금을 미뤄줄까요? 당연히 아닙니다. 살짝 언급했지만 카드사에 내는 '수수료'가 있습니다. 문제는 이 수수료율인데, 은행 수준으로 생각하시면 안 됩니다.

카드사의 '고금리 3대장'으로 꼽히는 것들이 있는데 흔히들 카드론이라고 하는 장기카드대출, 현금서비스로 불리는 단기카드대출 그리고 나머지 하나는 바로 이 리볼빙 서비스입니다. 그중에서도 리볼빙 서비스는 가장 악독한 놈입니다. 결제 대금을 미루면 미룰수록 이월된 금액의 수수료는 더 불어납니다. 다만 법정금리가 최고 20%로 인하되면서, 최근 카드사들도 선제적으로 리볼빙 수수료율을 최고 19.95%로 낮추기로 했습니다. 하지만 이 수치는 결코 낮은 게 아닙니다.

위에서 예로 언급한 것처럼 만일 이달 나의 카드 결제액이 100만 원이고 그중 10만 원만 납부하고 90만 원은 이월했을 경우, 다음 달 내가 결제해야 하는 이월 금액은 90만 원이 아닌, (리볼빙 수수료 연 10%라고 가정했을 경우) 해당 이자까지 함께 내야 하는 것입니다. 본인의 정확한 수수료율을 알고 싶으면 매달 날아오는 고지서의 이자율 안내나 카드 앱, 유선상으로 확인 가능합니다.

'최저'의 함정에서 벗어나라

여신금융협회 홈페이지 내 공시 포털에서 국내 카드사들의 수수료율 현황을 알 수 있습니다. 다음의 표는 2022년 3월 말 기준 결제성 리볼빙 평균 수수료율입니다. 은행 대출금리에 비해 훨씬 높은 수준입니다. 신용점수가 좋을 때 적용받을 수 있는 최저금리만 단순히 따져보면, 리볼빙 서비스가 카드론보다 더 높습니다. 기준일자가 달라 표와 실제 적용률은 차이가 있을 수 있지만 신중

구분	900점 초과	801~ 900점	701~ 800점	601~ 700점	501~ 600점	401~ 500점	301~ 400점	300점 이하	평균 금리	신용 정보 회사
롯데 카드	17.06	17.61	18.23	19.27	19.72	19.76	19.85	19.39	19.52	KCB
삼성 카드	13.54	14.10	15.17	16.49	17.35	17.39	17.77	17.10	15.11	KCB
신한 카드	12.14	15.01	17.12	18.78	19.42	19.24	19.04	18.84	16.95	KCB
우리 카드	15.55	16.96	17.94	18.38	19.17	19.00	18.86	19.18	17.60	KCB
하나 카드	11.91	12.49	13.98	16.35	17.86	18.41	18.00	18.38	14.83	KCB
현대 카드	14.40	15.70	17.13	18.62	19.42	19.55	19.44	19.00	16.83	KCB
KB 국민 카드	14.98	16.76	17.92	19.01	19.39	19.34	19.11	19.52	17.76	KCB

*2022.03.31기준 / 2022.04.29 게시

히 활용해야 하는 서비스임은 틀림없습니다.

이 때문에 리볼빙 서비스는 단기간에 급한 불만 끄고 바로 중단하는 걸 추천합니다. 위에서 언급한 것처럼 수수료율 자체가 높은 데다 이월된 금액에 다음 달 사용액이 더해져 이율이 책정되는 형태여서 내야 할 돈 역시 매달 불어나기 때문입니다. 결제액에 이자까지 미루고 미루다 보면 추후 정말 손댈 수 없는 수준의 빚만 남게 될 것입니다.

사실 가장 좋은 TIP은 결제할 수 있는 만큼만 카드를 쓰고 리볼빙 서비스를 아예 활용하지 않는 것입니다. 하지만 최근 2030 세대들의 리볼빙 서비스 활용이 늘고 있으며, 코로나19로 경기 상황이 악화된 데다 취업도 잘 안 되는 그 어느 때보다 계획적인 저축과 소비가 어려운 시기입니다.

정말 불가피하게 이 서비스가 필요하다면 첫째, 결제 비율을 능력껏 높이기 바랍니다. 너무 적은 금액만 이달에 결제하면 이월된 금액의 수수료율이 적용돼 부담이 늘어납니다. 최대한 높은 비율까지 결제한 뒤 최소분만 뒤로 넘겨주세요.

둘째, 2개월 이상의 사용은 비추천입니다. 이 서비스는 생각보다 간편하게 신청할 수 있지만 2개월 이상 넘어갈 경우 계산이 힘들 정도로 수수료가 불어납니다. 한 금융권 관계자에게 문의해보니 "당장 상황이 좋아지지 않았다면 보다 저렴한 금리의 대출상품을 찾아서 차라리 갈아타는 게 낫다"라는 답변이 돌아왔습니다. 빠른 시일 내에 빠져나오는 것을 추천합니다.

할부금을 대신갚아 준다고? 중고차 대출의 덫

"명의만 대여해주면 중고차 할부 대출금과 부대비용은 대신 갚아드립니다."

금융감독원은 소비자 피해가 크다고 판단되는 사안에 대해 '소비자 경보'라는 것을 발령합니다. 지난해 발령됐던 소비자 경보 중 피해 액수가 상대적으로 큰 것은 바로 중고차 대출입니다. 중고차 시장의 경우 판매자와 구입자 간 정보의 격차가 큽니다. 일반 구매자들은 중고차의 품질이나 공정가격 등 정보를 알기가 쉽지 않습니다. 이 같은 정보 비대칭성을 악용한 악랄한 수법들을 공개합니다.

"할부금 대신 갚아 줄게, 명의만…"

최근 코로나19 상황이 지속되고 비대면 거래가 확대되면서 온라인이나 전화 등을 통한 금융사기 피해가 늘고 있습니다. 특히 대출이 급한 저신용자, 구직 중인 사회 초년생, 전업주부 등이 주요 타깃입니다. 그중 가장 주의해야 할 것은 바로 '명의대여'입니다.

명의를 빌려달라고 하는 수법은 중고차 대출 사기에서 가장 많이 사용되는 수법입니다. 대표적인 사례는 다음과 같습니다. 렌터카 사업을 하는 사기범은 "명의만 대여해주면 할부 대출금과 부대비용을 대신 갚아주고, 자동차를 렌터카로 돌려 나오는 수익금을 매월 제공하겠다"고 약속합니다. "대출 기간이 지나면 자동차를 재매입해 명의를 이전하겠다"는 말로 피해자를 현혹합니다. 피해자 입장에선 명의만 빌려주면 손해 보는 장사가 아니기 때문입니다.

여기서 끝이 아닙니다. 사기범은 할부 대출금을 약 2개월 정도 대신 납부해주면서, 명의 대여자를 소개해주면 사례금을 지급하겠다고 유인하죠. 피해자는 친척이나 지인 등을 추가로 사기범에게 소개하기도 합니다.

문제는 2개월 후입니다. 대부분의 사기범은 할부 대출금을 납부하다 중단하고, 차량 반납을 요구하면 "사업이 어려워졌다"는 핑계로 차량 반납을 차일피일 미룹니다. 그리고 결국 잠적으로 마무리됩니다. 피해자는 차량도 확보하지 못한 채 남은 할부 대출금을 부담해야 하는 상황에 놓이게 됩니다.

수사 의뢰나 민사소송을 제기해도 결국 피해금을 돌려받지 못하고 거액의 대출금 상환 부담으로 연체는 물론 신용도까지 하락하는 등 추가적인 손해를 입게 됩니다.

"중고차 대출받으면 신용도 올라요"

한 가지 수법을 더 알려드리겠습니다. 주로 저신용자들을 대상으로 이뤄지는 수법입니다. 급한 자금이 필요해 대출을 알아보던 한 사람에게 "임시로 중고차 대출을 받으면 신용도가 좋아져서 2개월 정도 후에 제1금융권에서 저리의 대환대출이 가능하다"라는 달콤한 유혹의 전화가 걸려 옵니다.

보통 이런 경우 전화를 끊으면 그만이지만, 대출이 절실한 사람 입장에서는 차량을 확인하지 않은 채 필요하지 않은 고가의 차량을 구입하는 데 동의하는 중고차 대출 계약을 전화를 통해 비대면 방식으로 체결하게 됩니다.

약정한 기일이 경과해도 저리의 대환대출은 이뤄지지 않고, 사기범은 "대출 자격이 미달돼 저리의 대환대출이 가능하지 않은 것이니 나는 잘못이 없다. 고소를 하든지 마음대로 하라"는 청천 벽력 같은 말만 남기고 연락이 두절됩니다.

이 경우 피해자는 불필요한 고가의 차량을 구매가보다 현저히 낮은 가격으로 팔아 대출금 일부를 상환하고, 잔여 할부 대출금을 부담하게 됩니다. 너무나도 가슴 아픈 엔딩입니다.

진화하는 중고차 대출 사기

위에서 언급한 두 사례는 모두 실제 사례입니다. 가슴 아프지만 실제로 이런 피해를 당해 아직까지도 할부금을 갚고 있는 피해자들이 있습니다. 이외에도 소비자들이 유의해야 하는 수법들은 상당히 많습니다. 일반 소비자들의 경우 중고차 시장에 대한 정보가 부족하다는 점을 악용해 캐피탈사를 사칭하며 다양한 사기를 시도하는 겁니다.

캐피탈사 외에도 수출 중고차 위탁판매를 한다며 "명의를 대여해주면 대출금과 보험금 등 부대비용을 대신 갚아주고, 중고차 수출을 통해 한 대당 2,000만 원의 수익 배당금을 제공하겠다"며 피해자를 현혹합니다. 또한 자동차 운전기사 채용을 빌미로 "사업상 명의대여가 필요해서 중고차 대출 이후 기사로 채용하겠다"며 일자리를 이용하기도 합니다.

"저런 수법에 속는다고?"라고 생각할 수 있겠지만, 급전이 절실한 사람은 판단력이 흐려지기 마련입니다. 그래서 더욱더 깊은 대출의 늪에 빠질 수 있습니다. 특히 명의대여의 경우 실질적으로 금전적 손해가 발생하지 않기 때문에 더욱 안일하게 생각하는 사람들이 많습니다. 본인 명의로 체결된 모든 대출 계약의 원리금 상환 의무는 '본인에게 귀속된다'는 점을 명심해야 합니다.

슬기로운 TIP

피해가 커질 수 있는 여러 사례들을 소개했지만, 가장 안타까운 점은 소비자 스스로 각별히 주의하는 방법밖에 대응책이 없다는 것입니다. 일단 대출 명의를 대여해달라는 제안은 무조건 거절해야 합니다. 중고차 대출을 실행하면 저리의 대환대출이 가능하다거나, 차량을 구매하면 취업시켜 준다는 수법은 주로 전화나 문자, URL 등을 통해 이뤄지는 경우가 많은데, 반드시 차단해야 합니다. 전화의 경우에는 바로 끊어버리는 것을 추천합니다.

다시 한번 강조하지만 내 명의로 실행한 대출은 내가 갚아야 합니다. 코로나19로 비대면 문화가 빠르게 확산하면서 소비자들 입장에서는 편의성이 높아진 부분이 많습니다. 하지만 그만큼 비대면을 통한 사기 수법도 점점 진화하고 있죠. 금융 사기 수법이 진화하는 만큼, 소비자들도 함께 똑똑해져야 합니다. 우리 모두 현혹되지 맙시다.

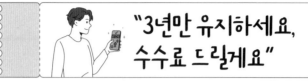

"3년만 유지하세요, 수수료 드릴게요"

"대표님, 법인보험에 가입한 뒤 3년만 유지하면 됩니다. 3년 후 해지하고 손실 보는 부분은 저희가 수수료로 보전해드려요. 방법은 간단합니다. 대표님 자녀분이 설계사로 등록하면 됩니다. 자녀분을 통해 수수료를 지급해드릴게요."

개인보험에 비해 보험료가 비싸서 영업이 쉽지 않은 법인보험. 최근 보험대리점(GA)을 중심으로 이뤄지고 있는 법인보험의 영업방식입니다. 실세로 많은 보험대리점이 이렇게 수수료를 돌려주는 방식으로 영업하고 있어 논란이 일고 있습니다. 보험료는 법인 돈으로 내고, 해지 후 손실이 나면 손실분은 법인 대표의 가족이 따로 챙기는 영업방식, 언뜻 봐도 정상적이진 않은 것 같습니다. 이 내용은 따로 방송을 통해 보도한 적이 있는데(한국경제

TV 기사: "수수료 돌려드려요" … GA 법인영업 '요지경'), 못다 한 이 야기들을 여기서 자세히 풀어보겠습니다.

법인은 손실, 개인은 이득인 이상한 셈법

법인보험 취재를 시작하면서 정말 많은 제보를 받았습니다. 그런데 그 제보들이 모두 유사한 내용이었습니다. 이미 보험대리 점업계에서는 암암리에 행해지고 있는 영업방식이었던 것입니다. 먼저 제가 제보받은 법인보험 영업방식에 대해 자세히 기술하겠습니다.

보험대리점이 계약을 체결하려는 법인 대표이사의 아내나 자녀 등 가족에게 보험설계사 자격을 취득하도록 권유합니다. 보험 설계사 자격을 갖춘 대표의 가족은 보험대리점에 설계사 코드를 냅니다. 설계사 코드가 있는 자녀는 아버지가 대표로 있는 법인과 보험계약을 체결합니다. 법인보험은 개인보험과 달리 보험료가 비싼 대형 계약입니다.

제가 실제로 제보받은 사례는 월 보험료 1,000만 원짜리 법인 보험이었습니다. 보험료가 상당한 만큼 기업 입장에서도 부담스 러울 수밖에 없겠죠. 이 보험을 3년만 유지해달라고 요청합니다. 여기서 조건을 3년으로 제시한 이유는 보험 유지율 때문인데요. 너무 빠른 기간 안에 보험을 해지할 경우 해당 실적으로 수수료를 받은 설계사가 다시 수수료를 뱉어내야 합니다.

법인은 보험료로 매월 1,000만 원을 3년간 납부합니다. 3년 후 법인은 재정적 어려움이나 유동성 악화를 이유로 일부러 보험을 해지합니다. 3년간 보험료를 납부했다면 원금은 3억 6,000만 원이지만, 보험을 중도에 해지할 경우에는 손실이 날 수밖에 없습니다.

법인은 해지환급금으로 약 2억 원을 돌려받습니다. 이렇게 되면 법인 입장에서는 보험 가입으로 1억 6,000만 원을 손해 보게 된 셈이죠. 회계상 비용으로 처리됩니다. 하지만 손실분 1억 6,000만 원은 설계사 자격을 취득한 법인 대표의 자녀에게 수수료로 지급해줍니다. 법인이 손해를 보면서 법인 대표의 가족이 이익을 보는 형태입니다.

'특별이익 제공 금지' 규정 위반 우려

언뜻 보면 문제가 없어 보일 수도 있습니다. 실제로 금융당국도 설계사 자격이 있는 대표 자녀에게 모집 수수료가 돌아가는 것이기 때문에 적발이 쉽지 않다는 입장입니다. 게다가 법인의 손해는 비용으로 처리되기 때문에 법인 입장에서는 '절세 방안'으로 활용될 수도 있습니다.

하지만 문제는 애초 계약 당시부터 계약 실적만을 노리고 수수료 나눠 먹기를 위한 판이 짜였다는 점입니다. 일정 기간만 보험을 유지하도록 애초에 조건을 내걸고, 수수료 지급을 위해 설계사 자격을 취득하는 과정이 이뤄졌기 때문입니다. 대부분 이런 사례는 해당 자녀의 코드로 계약된 보험이 아버지의 법인 계약 단 하나입니다. 수수료를 돌려받기 위한 목적으로 취득한 설계사 자격이니까요.

사실 개인보험 계약 과정에서도 수수료를 나눠주거나 일부 보험료를 설계사가 대신 내주는 등 실적을 쌓기 위한 여러 방법들이 동원돼 왔는데, 이번 대상은 법인보험입니다. 법인보험은 월 보험료가 수백, 수천만 원에 달하는 고액 보험인 데다 기업의 세금 문제까지 맞물려 있어 더욱 민감한 이슈일 수밖에 없습니다.

법인 대표 입장에서는 손해 보는 돈이 없어 달콤한 유혹일 수 있지만, 자칫 특별이익 제공으로 문제가 확대될 수 있어 주의가 필요하다는 게 법조계의 의견입니다.

수수료 돌려줘도 남는 장사

그렇다면 이런 영업방식, 원수사인 보험사들은 모르고 있을까요? 제가 받은 제보 일부에는 이런 영업이 이뤄지는 것을 알고도 "우리 회사 보험을 더 팔아달라"며 보험사가 리베이트를 제공하는 내용까지 포함돼 있었습니다. 실제 상품 판매가 이뤄지는 보험대리점에 보험사들이 리베이트를 제공하는 사례는 이전부터 유명했죠.

소비자들의 권익 우선보다는 실적 올리기에 급급한 과도한 경쟁이 낳은 폐해로 지적됩니다. 특히 이런 리베이트나 수수료 지급이 현금으로 이뤄질 경우 적발이 힘들다는 게 금융당국의 설명입니다.

보험대리점이 법인보험 계약 과정에서 수억에 달하는 수수료를 돌려주면서까지 영업이 가능한 것은 바로 보험사(원수사)에서 받는 어마어마한 리베이트 덕이라는 게 제보자들의 설명입니다. "보험 해지 손실분을 전부 법인대표 가족에게 다시 돌려주면 보험대리점은 남는 게 없지 않습니까?"라는 질문을 던졌을 때 돌아왔던 답변은 "돌려주고도 남는 장사니까 하는 겁니다"였습니다.

이런 법인보험 영업방식은 보험대리점의 '경영인 컨설팅' 또는 '절세 컨설팅'이라는 이름으로 이뤄지고 있습니다. 법인의 절세를 돕는다며 다가오는 유혹의 손길, 그러나 자칫 보험 모집 질서 위반이 될 수 있다는 법조계의 해석이 있어 슬기로운 TIP으로 공유합니다.

사례마다 차이는 있겠지만 법인의 돈으로 보험에 가입하고, 손실분에 대한 수수료를 대표 자녀가 취득할 목적으로 이뤄지는 방식은 '업무상 배임죄'로 볼 수 있다는 해석이 있었습니다. 보험설계사인 특수관계인은 법인 대표가 업무상 배임죄를 저지르는 데 도움을 주었거나 기능적 행위지배를 했으므로 업무상 배임죄의 방조범 또는 공동정범의 죄책을 질 수 있다는 설명입니다.

그리고 「보험업법」은 보험계약의 체결 또는 모집에 종사하는 자가 계약 체결 또는 보험 모집과 관련해 보험계약자에게 금전 등 특별이익을 제공하는 것을 금지하고 있습니다. 보험설계사로 활동하면서 영업할 생각이 없는 사람에게 오로지 특수관계인이 있는 보험만을 체결해 그 수수료를 챙길 목적으로 계약을 체결하게 하는 경우, 특별이익 제공 금지 규정을 위반한 것이라고 보는 해석이 있는 만큼 주의하는 게 좋습니다.

해외에서 내 카드가 긁혔다, 누구냐 넌?

잘 자고 있던 어느 날 새벽, '띠리링' 소리와 함께 도착한 문자메시지 한 통. 눈 비비며 확인해보니 'ㅇㅇ 카드 네덜란드 해외 승인 250.00$.'

코로나19 확산 이후 가뜩이나 해외여행도 못 가서 열받아 죽겠는데 새벽에 뜬금없이 이런 문자까지 오면 정말 화가 납니다. 내 몸과 내 카드는 분명히 대한민국 소재 내 방 안에 있는데 뜬금없이 네덜란드라니…. 보이스피싱만큼이나 잡기 힘든 카드 해외 부정 사용. 이름 모를 외국인이 대체 내 카드를 어떻게 입수해 결제한 건지, 결제 문자메시지를 받은 나는 어떻게 대처해야 하는지, 카드 해외 부정 사용에 대해 알아보겠습니다.

복제가 쉬운 마그네틱 카드 ··· 해외에선 더 취약

주변에 해외 부정 결제 피해를 당한 사람들이 상당합니다. 분명히 내 카드는 내 지갑 안에 있는데 해외에서 결제가 됐다고 하니 당황스러울 수밖에 없습니다. 대체 내 카드는 어떻게 해외에서 결제된 걸까요? 가장 큰 원인 중 하나는 바로 '마그네틱'입니다. 카드 뒷면에 보면 검정색 띠가 붙어 있죠, 이것이 바로 마그네틱입니다.

마그네틱의 가장 큰 문제점은 보안에 취약하다는 것입니다. 그 말은 복제가 쉽다는 의미입니다. 보통 카드는 '긁는다'고 표현하죠. 마그네틱을 단말기에 긁었을 때 기기가 마그네틱 안에 저장된 카드 데이터를 읽으면서 결제가 되는 방식인데, 이 데이터를 복사하는 프로그램만 있으면 똑같은 카드를 만들어낼 수 있다고 합니다.

이 때문에 국내에서는 마그네틱 카드를 IC칩 카드로 전환하는 작업이 대대적으로 이뤄졌고, 현재 국내 가맹점에 등록된 모든 단말기는 '긁는 형태'에서 '꽂는 형태'로 변경됐습니다. 하지만 해외의 경우 여전히 마그네틱 단말기를 사용하는 곳이 많습니다. 실제로 해외 가맹점에서 카드를 사용한 경험이 있는 소비자의 카드 부정 결제 시도가 많은 것으로 나타났습니다.

부정 사용되면 고객센터에 '곧바로' 신고

그렇다면 쓰지도 않은 카드 결제 내역 문자메시지가 도착했을 때 어떻게 대처해야 할까요? 당연히 가장 먼저 해야 할 일은 해당 카드사 고객센터에 전화해 신고 접수를 하는 것입니다. 카드를 분실했을 경우 먼저 분실신고를 하고, 분실을 인지하지 못한 상태에서 부정 결제가 발생했다면 즉시 카드 정지 신청을 한 후 본인이 사용하지 않았다는 몇 가지 입증만 하면 억울한 카드값을 낼 일은 없습니다. 대부분 카드사에서 간단한 본인 확인 후 청구 보류 조치를 취해줍니다.

게다가 우리나라의 경우 CCTV의 천국으로 타인의 카드를 함부로 사용했다간 곳곳에 설치된 CCTV에 잡혀 금방 적발될 수 있습니다. 이 때문에 최근 분실된 카드를 함부로 사용하는 경우는 많지 않습니다. 문제는 해외입니다. 범인을 잡으려면 해외 수사당국과 협조해야 하는데 사실상 불가능하다고 보면 됩니다.

이 경우에도 일단 피해부터 막기 위해 결제 사실을 파악한 시점에 바로 카드사 고객센터에 전화해 신고해야 합니다. 다행히 국내 카드사들은 카드 도용이나 분실, 부정 사용과 관련해서는 24시간 콜센터를 운영하고 있어 언제든지 연결이 가능합니다. 카드 정지 신청을 하고 카드 명의자가 해외에 있지 않다는 점(입출국 기록 또는 부정 결제된 시점 전후의 카드 내역만 봐도 국내인지 확인할 수 있겠죠)이 확인되면 즉시 청구 보류가 이뤄져 피해를 막을 수 있습니다.

곧바로 신고해야 한다고 속도를 강조한 이유는 신고 일자가 늦어질수록 그 피해규모가 더 불어날 수 있고, 카드사가 이를 처리하는 과정에서 '신고를 늦게 한 고객 과실'이라는 불편한 사유가 붙을 수 있기 때문입니다. 신고는 빠를수록 좋습니다.

온라인 부정 결제는 '본인 과실' 유의해야

한 가지 다행인 점은 국내 카드사들은 이런 피해를 예방하기 위해 이상금융거래탐지시스템(FDS)을 가동하고 있습니다. 평소 카드 패턴과 다르거나 이상 징후가 감지되면 문자나 전화로 고객에게 알려줍니다. 갑작스럽게 해외에서 결제된다면 이 역시 FDS를 통해 걸러질 수 있습니다.

그렇다면 최근 늘고 있는 온라인 부정 결제에는 어떻게 대처해야 할까요? 국내 온라인 가맹점은 신용카드 결제 시 카드번호와 유효기간 외에도 추가로 비밀번호나 CVC 등을 통해 본인 확인 절차를 거치지만 해외 온라인 가맹점은 카드번호나 유효기간만으로 결제되는 곳이 많습니다. 최근 아마존 등 온라인 쇼핑 사이트에서 카드번호가 도용돼 부정 결제되는 사례도 종종 나타나고 있습니다.

이 경우에도 일단 즉시 고객센터에 신고하면, 카드사에서 IP 주소 확인 등을 통해 해외에서 결제가 이뤄졌다는 사실을 파악한 후 청구 보류 조치로 고객 피해를 막을 수 있습니다. 단, 여기서 한 가지 중요한 점은 온라인상에서 이뤄지는 부정 결제에 대해서는 고객이 카드정보를 제대로 관리하지 않았다는 '귀책사유'가 적용될 수 있습니다.

카드사의 정보 유출로 피해를 본 경우 당연히 보상받아야 하지만, 개인이 카드번호와 비밀번호 등을 클라우드 또는 PC 안에 보관하고 있다가 유출된 경우에는 100% 보상받기 힘들 수 있습니다. 상황에 따라 분쟁의 소지가 있겠지만 정보가 유출되는 과정에서 카드 명의자의 과실이 있었다고 판단될 수 있기 때문입니다.

만약 해커들이 프로그램을 돌려서 무작위로 카드번호를 맞춘 뒤 결제를 시도하는 '빈어택(BIN Attack)' 피해자인 경우는 어떨까요? 내 과실로 카드번호와 비밀번호가 유출된 상황이 아닌데 어떻게 구분할까요? 다행히 카드사의 FDS가 여러 번 결제를 시도하는 '빈어택' 패턴을 인지할 수 있기 때문에 이 경우에도 고객에게 청구 부담이 가지 않도록 처리가 가능하다고 합니다.

슬기로운 TIP

해외 부정 사용이 이뤄졌을 때 할 수 있는 방법이라곤 결국 카드사 고객센터에 신고하는 것뿐이었습니다. 타인의 카드를 도용해 결제하거나 복제해 사용하는 것은 범죄이기 때문입니다. 고객 신고에 따라 청구 보류 등 사고에 대한 뒷수습은 사실상 카드사가 하는 셈입니다. 그렇다면 가입자들은 최대한 '예방'에 초점을 맞출 수밖에 없습니다. 카드사들은 해외 부정 사용을 예방하기 위해 '해외이용 차단 서비스'를 운영 중입니다. 일부 카드사는 '해외이용 잠금 서비스'라는 이름으로 운영하기도 합니다. 말 그대로 내가 국내에 있는 동안은 해외 결제를 차단해 놓는 방식입니다. 카드사 홈페이지나 앱을 통해 간편하게 해외 결제 가능 여부를 설정할 수 있습니다. 해외 결제 자체를 완전히 차단하기 부담스럽다면 온라인과 오프라인, 금융서비스 등 각각 별도로 설정할 수도 있습니다.

해커들이 작정하고 빈어택을 통해 결제 시도를 하는 경우를 제외하고 대부분의 부정 결제는 카드정보 유출에서 비롯됩니다. 클라우드 등 유출이 가능한 공간에 신분증이나 신용카드 사진, 비밀번호 등을 따로 저장하지 않아야 하고, 스마트폰 정보가 빠져나갈 수 있는 스미싱 문자메시지 등을 조심해야 합니다. 매번 강조해도 아깝지 않은 금지사항은 바로 문자메시지 URL 클릭입니다. 이 역시 '내 과실'이 될 수 있으니 주의해야 합니다.

회사명	상담센터	홈페이지
신한카드	1544-7000	www.shinhancard.com
KB국민카드	1588-1688	card.kbcard.com
삼성카드	1588-8700	www.samsungcard.com
현대카드	1577-6000	www.hyundaicard.com
하나카드	1800-1111	www.hanacard.com
롯데카드	1588-8100	www.lottecard.co.kr
우리카드	1588-4000	www.wooricard.com
BC카드	1588-4000	www.bccard.com
NH농협카드 (농협은행)	1644-4000	card.nonghyup.com

"대체 왜 내는 거야?", 카드 연회비의 비밀

"내 돈 내고 내가 쓰는데, 연회비 2만 원은 왜 내야 하지?"

신용카드를 발급받을 때 문득 드는 생각입니다. 이 카드로 긁은 카드값은 고스란히 내가 다 내는데, 왜 연회비를 추가로 내는 걸까요? 연회비의 개념이 무엇인지 궁금해졌습니다. 물론 카드사 회원에 대한 입회비 개념일 수 있지만, 적게는 5,000원부터 많게는 수백만 원에 달하는 등 연회비는 천차만별입니다. 이번에는 '카드사들이 연회비를 받는 이유'에 대해 살펴보겠습니다.

연회비 = 기본연회비 + 서비스연회비

신규 카드를 발급할 때 꼭 확인하는 것 중 하나는 바로 연회비입니다. 말 그대로 카드사에 내는 1년 치 회비를 의미합니다. 이

연회비는 기본연회비와 서비스연회비로 구성돼 있습니다. 먼저 연회비의 기본 기능부터 알아보겠습니다.

실제 카드사에 근무 중이신 분께 답변을 들을 수 있었습니다. 기본연회비에는 카드 발급 비용과 카드 배송비, 시스템 관리비 등 비용이 포함되어 있다고 합니다. 우리가 카드를 신청할 때 받아볼 수 있는 카드 플레이트, 그리고 그 플레이트는 주로 자택이나 회사 등으로 배송됩니다. 카드를 처음 발급받을 때 발생하는 비용과 카드사에서 나를 회원으로 신규 추가해 관리하는 시스템 비용 등이 포함된다고 합니다.

이런 기초적인 비용은 약 5,000원 수준. 그래서 아무런 혜택이 없는 기본 신용카드의 경우 기본연회비가 5,000원인 경우가 많습니다. 하지만 여기에 각종 마일리지, 포인트 적립과 제휴처 할인 혜택 등 서비스가 탑재되면 기본연회비 외에 서비스연회비가 추가됩니다. 우리가 일반적으로 사용하는 주유 할인이나 마일리지, 각종 가맹점에서 할인 혜택을 주는 신용카드의 경우 연회비는 1만 원에서 2~3만 원가량으로 오르게 됩니다. 제휴처에서 혜택을 받을 수 있는 서비스 비용을 포함해서 연회비가 책정되는 것입니다. 카드사가 제휴처 혜택을 고객에게 주기 위한 마케팅 비용에 해당하겠죠. 여기에 추가로 해외에서 결제 가능한 비자나 마스터 등 해외 겸용 카드로 발급받을 때는 연회비가 더 추가됩니다.

연회비 200만 원 'VVIP 카드'를 아시나요?

일반적인 할인이나 적립 혜택이 탑재된 신용카드의 연회비가 약 2~3만 원가량이라면, '프리미엄'이라는 단어가 붙은 카드부터는 연회비가 10만 원 단위로 뜁니다. 여기서 끝이 아니죠. 연회비가 100만 원이 넘어가는 'VVIP 카드'도 존재합니다.

VVIP 카드로 잘 알려진 카드 중 현대카드의 'the Black'이 있습니다. 상위 0.05%를 위한 국내 최초 VVIP 카드입니다. 유명 가수 GD나 방탄소년단(BTS)의 진이 사용하는 카드로 알려지면서 더 유명세를 탔습니다. 현대카드의 더 블랙은 연회비 200만 원으로 알려져 있습니다.

그런데 이런 고가 연회비 카드에는 연회비보다 더 큰 혜택을 주는 '바우처'가 포함되어 있습니다. 예를 들어 연회비 30만 원의 프리미엄 카드를 발급받으면, 30만 원 이상의 바우처를 제공하는 게 대부분입니다. 보통 처음 카드를 발급받을 때 호텔 이용권이나 항공권 업그레이드 서비스 등 다양한 바우처가 제공됩니다. 현대카드 더 블랙의 경우에도 갤러리아 백화점 명품관 이용권과 특1급 호텔 이용권, 비즈니스 클래스 항공권을 퍼스트 클래스로 업그레이드해주는 등의 바우처가 포함되어 있습니다.

프리미엄 회원들에게 연회비보다 더 많은 혜택을 주는 이유는 과연 무엇일까요? 이들 회원에게는 리스크, 즉 위험도가 사실상 없다는 점입니다. 연회비 수십, 수백만 원짜리 신용카드를 쓰는 사람은 카드값이 연체될 우려가 없다고 판단하는 것이죠. 이들은 리스크가 낮은 데다 기본적으로 카드 실적도 높다고 합니다.

그다음은 바로 브랜드 마케팅 효과입니다. 더 블랙을 비롯해 카드사의 VVIP 카드는 아무나 가입할 수 없는 카드로 유명합니다. 이름이 알려진 유명인 또는 대기업 최고경영자 등을 대상으로 심사가 이뤄집니다. 한 카드사 관계자는 "오피니언 리더들이 사용하는 카드인 만큼 신뢰도와 함께 브랜드 홍보 효과도 있는 것이 사실"이라고 전했습니다.

현대카드의 VIP 카드(사진: 현대카드)

연회비가 없는 '체크카드'

그렇다면 연회비가 없는 카드는 없을까요? 있습니다. 바로 체크카드입니다. 사실 체크카드도 신용카드와 마찬가지로 기본연회비가 있다고 합니다. 왜냐하면 이 역시 카드 플레이트 발급을 비롯한 부대비용이 들어가기 때문이죠. 이 때문에 카드사들은 체크카드에 대해 연회비가 없는 것이 아니라 '연회비가 면제된다'고 표현합니다.

체크카드는 왜 연회비가 면제될까요? 체크카드는 신용을 담보로 물건을 구매하는 카드가 아니라 내 계좌에서 즉시 돈이 빠져나가는 방식의 카드입니다. 발급할 때 기본적으로 신용도가 반영되지 않고, 카드 소유자가 보유한 계좌 잔액 안에서 결제가 이뤄지기 때문에 리스크 관리 비용이나 카드사의 자금조달 비용 등이 들어가지 않습니다.

이 때문에 신용카드와 달리 체크카드는 연회비 없이도 발급이 가능합니다. 최근에는 카드사들이 가맹점 수수료율 인하분을 보전하기 위해 각종 부가서비스를 줄이는 추세라 혜택이 많은 체크카드는 드물지만, 일부 체크카드의 경우에도 신용카드처럼 다양한 제휴처에서 포인트 적립 등의 혜택을 탑재하고 있는 경우도 있습니다.

슬기로운 TIP

간혹 비싼 연회비만 내고 카드는 사용하지 않게 되는 경우도 있습니다. 실제 발급만 받고 쓰지 않는 휴면카드는 약 1,200만 장에 달한다고 합니다. 휴면카드가 늘어나면 카드사의 운영비는 증가하고, 그 부담은 결국 소비자에게까지 돌아갈 수밖에 없습니다. 사용하지 않는 카드는 과감하게 정리하는 것이 좋겠죠.

먼저, 카드를 중도해지하면 남은 연회비는 환불받을 수 있습니다. 과거에는 이 기준이 모호해서 카드사별로 기준이 달랐는데, 표준약관이 개정되면서 신용카드를 해지하는 날을 시작으로 잔여기간 동안의 연회비를 일할 계산해 돌려주게 돼 있습니다. 연회비를 낸 시점부터 1년 이상 사용하지 않은 카드 역시 연회비를 부과하지 않도록 규정돼 있습니다. 부당하게 빠져나간 연회비는 카드사에 환불을 요구하면 되돌려받을 수 있습니다.

Chapter 3

공부 안 하면 절대 모르는 보험 활용법

네 살짜리 내 아들, 1억짜리 벤츠를 긁었다

눈에 넣어도 안 아플 네 살짜리 내 아들, 손에 쥔 장난감으로 주차된 남의 벤츠를 긁었다. 그러고는 해맑게 웃는 아들 녀석….

상상만 해도 등골이 오싹해지는 상황입니다. 범퍼만 살짝 긁어도 수십, 많게는 수백만 원의 수리비가 발생하는 외제 차. 최근 거리에 고가의 외제 차들이 쉽게 눈에 띄는 만큼 충분히 발생 가능한 상황입니다. 이런 예기치 못한 상황에서 활용할 수 있는 '일상생활배상책임보험' 활용 팁을 알려드립니다.

있어도 활용 못 하는 '일배책'

설계사들 사이에선 일상생활배상책임보험을 줄여 '일배책'이라고 부르기도 합니다. 단독으로 판매되는 보험이 아닌 특약 형태로 판매되는 보험입니다. 개편 전 판매된 실손의료보험 또는 운전자보험, 어린이보험 등 종합보험 안에 해당 특약이 껴 있는 경우가 많습니다. 주계약 형태가 아니기 때문에 가입이 되어 있으면서도 깜빡하고 활용하지 못하는 분들도 많죠. 보험 청약서를 꺼내서 해당 특약에 가입되어 있는지 꼭 확인해보기 바랍니다. 보험료는 일반적으로 3년 갱신에 최대 1억 원까지 보장되는 특약입니다.

일상생활배상책임보험은 말 그대로 일상생활에서 발생하는 사람이나 물건에 대한 피해를 보상해줍니다. 일상생활에서 발생할 수 있는 사고는 너무나 많습니다. 그만큼 보상 범위가 어마어마한 보험입니다. 업계에서는 일상생활배상책임보험을 놓고 '가성비 갑'이라는 표현을 씁니다. 잘 활용만 하면 가계 비용 절감에 큰 도움을 줄 수 있습니다. 반대로 악용 우려가 높은 상품이기도 합니다. 그래서 보상 범위를 명확하게 알아둘 필요가 있습니다.

가장 명확한 원칙은 '고의성'이 없어야 한다는 점입니다. 앞서 설명했듯 악용 우려가 높은 보험이기 때문에 '고의성이 없고 우연하고 돌발성이 있는 사고'로만 보상 범위를 한정했습니다. 물론 보험사 입장에서는 어떤 상황이냐에 따라 고의성을 판단하기 어려운 경우가 많겠죠. 이 때문에 자기부담금이 존재하고 실손 비례 보상을 원칙으로 하고 있습니다. 2012년 이전에 가입한 경우 자기부담금이 2~3만 원 수준, 현재는 자기부담금이 20만 원 수준입니다. 자기부담금을 넘어서는 사고에 대해서는 과실 비율에 따라 비례 보상한다는 의미입니다.

가장 많은 보장 사례는 '누수·어린이 사고'

실제 현직 보험설계사에게 일상생활배상책임보험으로 청구가 가장 많이 들어오는 사례를 문의해보았습니다. 첫 번째는 역시 어린이 사고였습니다. 통제가 불가능한 어린아이의 경우 사고 발생 가능성 역시 높기 때문입니다. 어린 자녀가 타인의 차를 파손했을 때, 해당 보험으로 배상금 보장이 가능합니다. 만약 자녀가 친구의 집에 방문해서 그 집 TV나 냉장고를 파손한 경우에도 가능합니다. 일상생활배상책임보험은 친족까지 피보험자에 해당되기 때문에 자녀가 타인이나 타인의 재물에 피해를 준 경우 활용 가능합니다.

다음으로 많은 사례는 누수 사고입니다. 우리 집 하수도관의 문제로 아래층까지 피해를 입었을 때, 일상생활배상책임보험으로 해당 비용을 보장받을 수 있습니다. 주로 아파트나 빌라에서 활용하는 사례가 많습니다. 최근 늘고 있는 또 하나의 사례는 바로 반려동물 관련 사고입니다. 반려 가구 1,000만 시대인 만큼 반려동물로 인한 사고가 급증하고 있습니다. 최근 맹견 보험이 의무화되면서 맹견이 다른 사람을 무는 경우에는 맹견 보험으로 보상하게 되어 있습니다. 이를 제외하고 다른 사람에게 피해를 주는 경우 일상생활배상책임보험을 활용하면 됩니다.

반려견이 무는 사고 외에 어떤 것들이 있을까요? 현직 설계사가 들려준 실제 보험금이 지급된 사례는 다음과 같습니다. 해당 보험 가입자가 반려견과 함께 공원 산책을 하던 중 앞에서 걸어오시던 할머니가 강아지를 보고 놀라 넘어져 상해를 입은 일이 있었습니다. 강아지가 물지 않았고, 목줄도 당연히 하고 있었지만 순간적으로 보고 놀라 넘어진 것입니다. 견주 입장에서는 억울한 측면이 있겠지만 신체적으로 약한 고령층의 피해라 병원 입원까지 이어졌다고 합니다. 할머니가 넘어진 이유가 강아지로 인한 놀람이라는 과실 관계가 인정됐고, 예기치 못해 발생한 사고라는 점에서 일상생활배상책임보험으로 보장이 가능했습니다.

자동차보험과 구분해서 활용해야

일상생활에서 흔하게 발생하는 것은 바로 자동차 사고입니다. 위에서 사례로 언급한 어린이나 누수 사고, 반려견 사고만큼이나 자동차와 관련된 사고가 많습니다. 일상생활배상책임보험 특약은 보통 운전자보험에 끼워 판매되는 경우가 많습니다. 운전자보험 가입자라면 보유하고 있는 청약서 특약에 일상생활배상책임보험이 포함되어 있는지 확인해야 합니다. 의무보험인 자동차보험이나 운전자보험에 별개로 특약 형태로 된 이유는 말 그대로 자동차보험과 운전자보험은 '자동차 운전 중에 발생한 사고'에 대해서만 보장을 한정하고 있기 때문입니다.

가장 대표적인 예를 살펴보겠습니다. 만차인 주차장, 내 차 앞에 다른 차가 가로막고 있다고 가정해봅시다. 일반적으로 이중 주차의 경우 상대방의 차는 사이드브레이크가 풀어져 있어 손으로 직접 밀어서 차가 나갈 수 있는 통로를 만들곤 합니다. 상대방의 차를 밀다가 힘 조절에 실패해 벽에 부딪히게 한 경우, 자동차 운전 중에 발생한 사고가 아니기 때문에 자동차보험으로 보장이 불가능합니다. 자동차 사고이긴 하지만 운전 중에 발생한 사고가 아닌 일상생활에서 발생했기 때문에 일상생활배상책임보험을 활용하면 됩니다.

또 하나의 유사한 사례가 있습니다, 바로 자전거 사고입니다. 자동차만큼이나 최근 자전거를 이동 수단으로 활용하시는 분들이 많습니다. 자전거로 이동 중 다른 사람에게 피해를 준 경우에도 '자동차가 아닌 이동 수단'이기 때문에 일상생활배상책임보험으로 보상할 수 있습니다. 그 외에 자전거로 이동 중 주차된 자동차에 부딪혔을 때, 확률은 적지만 베란다의 화분이 떨어져 주차된 자동차를 파손했을 때 등 일상생활에서 발생할 수 있는 우연한 사고들은 일상생활배상책임보험으로 보장받으면 됩니다.

슬기로운 TIP

일상생활배상책임보험은 가입자뿐만 아니라 친족까지 혜택을 받을 수 있는 특약이라고 설명했습니다. 나와 배우자 그리고 자녀는 물론 우리 집에 8촌 이내의 친척이 함께 지내고 있다면 모두 적용 대상이 될 수 있습니다. 다만 '등본상 거주지가 같아야' 적용이 가능하다는 점을 꼭 숙지해야 합니다.

만약 나뿐만 아니라 배우자도 일상생활배상책임보험 특약에 각각 가입되어 있는 경우라면 발생한 하나의 사고에 대해 2개 보험사 모두에 각각 청구해야 합니다. 실손의료보험처럼 중복 보장이 되지 않고 비례 보상이기 때문에 자기부담금을 제외한 나머지 보험금이 N분의 1로 나눠서 지급됩니다. 만약 가입한 지 오래된 내 보험의 자기부담금이 2만 원, 최근 가입한 배우자의 자기부담금이 20만 원이라면, 더 적은 자기부담금이 적용된 후 비례 보상이 되므로 걱정하지 않아도 됩니다.

폭우에 내 차가 떠내려갔다

밤새 쏟아진 비로 곳곳에 침수 피해, 어젯밤 세워뒀던 내 차는 둥둥 떠내려가고 있는데….

태풍 시즌이 돌아올 때마다 가장 우려되는 것은 바로 침수 피해입니다. 폭우로 인한 인명 피해만큼 우려되는 부분이 있는데, 바로 차량 피해입니다. 자동차보험은 기본적으로 태풍이나 홍수, 해일 등과 같은 천재지변에 대해서는 보장하지 않고 있습니다. 그렇다면 물에 빠진 내 차는 보상받을 수 없는 걸까요? 물론 방법이 있습니다. 하지만 천재지변이라는 자연적인 현상과 복합된 사고인 만큼 보험처리 역시 까다롭습니다. 이번에는 폭우로 발생할 수 있는 다양한 자동차 피해와 보상 방안을 다뤄보도록 하겠습니다.

천재지변은 자차 담보로 보장받아야

앞서 언급했듯이 운전자들이 가입하는 의무보험인 자동차보험은 태풍이나 홍수, 지진, 해일 등 천재지변에 대해서는 보장하지 않는 게 원칙입니다. 이럴 때를 대비해서 가입하는 것이 바로 '자기차량손해담보' 또는 '차량단독사고손해보상특약'입니다. 많은 분들이 자동차보험에 가입할 때 일명 '자차'를 포함하죠. 자연재해로 입게 된 피해는 '내 차에 대한' 피해이기 때문에 자차 담보로 보장을 받을 수 있습니다.

그렇다면 어떤 상황들이 발생할 수 있는지 예를 들어보겠습니다. 폭우가 쏟아지던 어느 날, 물이 불어나면서 주차해둔 차가 침수됐습니다. 만약 자차에 가입되어 있다면 자차 담보로 보장이 가능합니다. 태풍으로 인해 주차되어 있던 차에 간판이나 신호등이 떨어진 경우에도 자차 담보로 보상 후 간판이나 신호등 등 관리기관에 구상권을 청구할 수 있습니다.

그렇다면 내 차는 온전히 주차돼 있었는데 침수지역에서 떠내려온 차량이 들이받은 경우는 어떨까요? 이 경우 원래는 내 차에 피해를 준 상대방 차의 자동차보험 대물담보로 보상받아야 합니다. 하지만 앞서 설명한 대로 자동차보험은 천재지변으로 인한 손해를 보장하지 않아 일반 사고로 보기 어려울 수도 있습니다. 이럴 경우에는 내 차의 자차 담보로 보장받는 수밖에 없습니다.

자차 담보만 있으면 만사 오케이?

그렇다면 자차 담보만 있으면 천재지변으로 인한 피해를 모두 보상받을 수 있는 걸까요? 그렇지는 않습니다. 자차 담보가 있다고 하더라도 '자기 과실' 여부가 관건입니다. 침수로 인한 차량 피해는 수리비 역시 만만치 않습니다. 이 때문에 보험사들도 굉장히 꼼꼼히 따져보는 것으로 알려졌습니다.

지정된 주차 공간에 제대로 주차되어 있었는지 여부도 보상에 중요한 기준입니다. 이 부분을 깐깐하게 따지는 이유를 보험사에 물었더니, 그럴만한 이유가 있었습니다. 예를 들어, 내 집 주차장에 차를 주차했을 경우나 주차가 가능한 곳에 주차를 했다가 비 피해를 입었을 경우 문제되지 않을 수 있습니다. 예기치 못한 사고이기 때문이죠. 하지만 간혹 물이 자주 범람하는 강가 주변에 차량을 주차하거나, 경찰 통제구역에 주차한 후 침수 피해로 보상을 청구하는 운전자들이 있다고 합니다.

자차 담보를 악용하는 사례를 막기 위해 정당한 장소에 주차했는지를 파악한다는 설명입니다. 만약 불법 주차 차량이 이런 사고를 당했다면, 일부 과실 부분은 보험금에서 공제될 수 있습니다. 침수 피해가 예상된다고 알려진 곳에 주차한 경우나 운행한 경우에는 과실이 있는 것으로 판단되기 때문에 유의해야 합니다.

보상 한도는 사고 시점 내 차량 가격

다시 한번 정리해보겠습니다. 자동차보험에서 차량 침수 피해란 흐르거나 고인 물, 역류하는 물, 범람하는 물, 해수 등에 자동차가 빠지거나 잠기는 것을 의미합니다. 정상 운행 중 침수지역을 지나가면서 물이 차내로 들어온 경우, 정상 주차된 상태에서 태풍이나 홍수 등으로 침수된 경우 자차 담보로 보상이 가능합니다. 단, 그렇지 않은 경우 자기과실도 따지니 유의해야 합니다.

또 하나 중요한 것은 바로 보상 한도입니다. 보상 한도는 차량 손해액이 차량가액(사고시점의 차량 가격)보다 적을 경우 보험가입 금액 한도 내에서 보상 가능하고, 차량 손해액이 차량가액보다 클 경우에는 차량가액 한도 내에서 보상받을 수 있습니다.

내 차의 차량가액을 알고 싶다면 보험개발원 홈페이지에 접속해 조회 서비스, 차량기준가액 메뉴에서 자동차 정보 입력 후 확인할 수 있습니다. 삼성교통안전문화연구소에 따르면 비 오는 날의 평균 사고 발생 건수는 평소보다 약 10%가량 높다고 합니다. 물과 자동차가 만나면 위험도가 높아지는 만큼 특히 태풍 시즌에는 주차부터 운행까지 꼼꼼하게 신경 써야 합니다.

슬기로운 TIP

중요한 포인트가 남았습니다. 정말 안전한 곳에 주차했다가 피해를 봤더라도 절대 보상받기 힘든 경우는 '문이나 창문 등을 열어둔 경우'입니다. 이 경우 무조건 운전자의 과실입니다. 최근 대부분의 차량에 있는 선루프도 해당이 되죠. 실수로 선루프나 창문을 열어둔 채 주차했다면 이로 인해 침수 피해가 있어도 본인 과실이 있기 때문에 보상받기 어려울 수 있으니 유의해야 합니다.

자차 담보로 보상받을 경우 결국 자동차 보험료 할증이 됩니다. 과실 여부를 떠나 어쨌든 가입자의 보험료 인상으로 이어지는 셈이죠. 이런 경우를 대비해서 우리는 태풍 시즌에는 조금 더 깐깐하게 체크해 볼 필요가 있습니다. 하천변 주차장이나 저지대로 알려진 곳, 계곡이나 농로 등 물이 잘 고이는 장소는 미리 알아두면 피해를 예방할 수 있습니다.

마지막 꿀팁! 각 보험사들은 태풍 시즌에 자동차보험 가입자들 중 침수 피해 우려가 높은 지역의 차량 운전자들에게 주의 문자 공지를 합니다. 해당 문자를 그냥 넘기지 마시고, 주의 깊게 살펴본 뒤 미리 예방하는 것도 도움이 됩니다.

모르면 손해, 보험 가입 안 해도
보험금 받을 수 있다

보험에 가입 안 했는데도 최대 2,000만 원까지 보장받을 수 있다?

보험에 따로 가입 안 했는데도 보험금을 받을 수 있을까요? 있습니다. 이번 주제는 '시민안전보험'입니다. 이 보험은 재난이나 사고로 인한 시민 또는 도민의 신체 피해를 보상하기 위해 지자체가 자율적으로 가입한 보험입니다. 예를 들어 서울에 주민등록이 되어 있는 서울 시민이라면 누구나 자동으로 이 보험에 가입되며, 사고가 발생하면 보험금을 받을 수 있습니다. 시민들을 위한 복지 혜택 중 하나로 꼽히는데, 아직 이 혜택을 모르는 사람들이 많습니다. 어떤 상황에서 활용할 수 있는 보험인지 살펴보겠습니다.

가입 안 해도 자동 가입 … 최대 2,000만 원까지 보장

조금은 생소한 시민안전보험. 따로 가입해야 하는 절차는 없습니다. 각 시도에 주민등록이 되어 있는 사람이라면 자동으로 해당 지자체에 가입된 보험의 '피보험자'가 됩니다. 시민안전보험은 재난이나 사고로 인한 시민의 피해를 보상하기 위해 지자체가 가입한 보험이기 때문입니다.

예를 들어, 서울시는 직접 NH농협손해보험을 통해, 대구시는 현대해상에 각각 보험에 가입합니다. 보험료는 서울시와 대구시가 각각 지급합니다. 시가 가입한 보험인 만큼 해당 시에 주민등록이 되어 있는 시민은 일괄적으로 모두 보장받을 수 있습니다. 말 그대로 개인이 따로 보험에 가입하지 않아도 보장받을 수 있는 보험인 셈입니다. 2021년 8월 기준으로 전국 209개의 시·군·구가 시민안전보험에 가입되어 있습니다.

다만 생각보다 홍보가 되지 않아 '몰라서 보장을 못 받는' 사람들이 대다수라고 합니다. 자동으로 가입되는 만큼 누군가 특별히 알려주지 않으니 '직접 챙겨야' 보장도 받을 수 있겠죠. 최대 보장 금액은 지자체별로 차이가 있지만, 사망 사고나 후유장해 등급에 따라 평균 1,000만 원까지 보장합니다. 최근에는 서울시가 이 보장 금액을 최대 2,000만 원으로 확대하기도 했습니다.

화재·폭발이나 스쿨존 사고 등 보상

그렇다면 시민안전보험은 어떤 상황에서 활용할 수 있을까요? 지자체별로 가입한 보험에 따라 약간씩 차이가 있지만 대표적으로 화재나 폭발 상해 또는 사망, 스쿨존 내 교통사고, 붕괴 사고,

대중교통 이용 중 상해 등에 대해 보상합니다. 서울시가 가입한 시민안전보험을 예로 들어보겠습니다.

건물에서 화재·폭발 사고가 발생했거나, 지하철이나 버스 등 대중교통 사고로 인한 사망 또는 후유장해가 있을 경우 최대 2,000만 원까지 시민안전보험을 통해 보상받을 수 있습니다. 만 12세 이하 어린이들이 스쿨존에서 교통사고가 났을 경우, 부상 등급(1~7등급)에 따라 치료비가 지급됩니다. 만 65세 이상을 대상으로 한 실버존 교통사고의 경우에도 부상 등급에 따라 최대 1,000만 원까지 보상해줍니다.

인천광역시의 경우 자연재해 사망을 포함해 화재·폭발, 대중교통 이용 중 상해 후유장해에 따른 피해를 보장하고, 강도상해에 따른 사망과 후유장해도 보장합니다. 인천광역시 시민이 강도에 의해 발생한 상해의 직접적인 결과로 사망하거나 3~100%까지 상해 후유장해가 발생한 경우 각각 최대 1,000만 원까지 보상해줍니다.

3년 이내에만 청구 가능 … 구비서류 사전 확인해야

그렇다면 사고가 발생했을 때, 보험금 청구는 어떻게 해야 할까요? 시민안전보험 역시 보험금을 청구하기 위한 필수 서류들이 있습니다. 먼저 각 지자체가 가입한 보험사의 보험금 청구 양식이 필요합니다. 이와 함께 개인정보처리동의서, 사고자를 기준으로 한 주민등록초본이 필수 서류입니다. 해당 청구 양식들은 지자체가 가입한 보험사의 홈페이지에서 다운로드할 수 있습니다.

기본 서류 외에도 사망보험 청구인지 후유장해를 위한 청구인지에 따라 필요 서류가 추가됩니다. 사망보험금 청구를 위해서는 사망진단서와 제적등본, 혼인관계증명서, 인감증명서, 위임장 등을 유가족이 챙겨야 하고, 후유장해의 경우 후유장해 진단서를 의료기관에서 받아야 합니다. 폭발이나 화재 사고의 경우에는 경찰서를 통해 입건 전 조사 결과 보고서나 수사 결과 통지서 또는 사고사실 확인원, 화재 증명원과 초진 기록지 등을 챙겨야 합니다.

지자체별로 차이가 있지만 현재 대부분의 지자체들은 '한국지방재정공제회'를 통해 시민안전보험에 가입되어 있습니다. 한국지방재정공제회 홈페이지를 방문하면 각 사고에 따른 필요 서류들을 확인할 수 있습니다. 해당 서류를 챙겨 직접 보험사 창구에 접수하거나 등기 접수하면 됩니다. 단, 보험금 청구 기간은 사고가 발생한 것을 인지한 날부터 3년 이내입니다. 청구권을 3년간 행사하지 않으면 소멸되니 꼭 체크해야 합니다.

슬기로운 TIP

내가 살고 있는 지역은 시민안전보험에 가입돼 있을까? 보장내역은 어떤 것들이 있을까? 시민안전보험 가입 현황과 가입 보험사는 국민재난안전포털 홈페이지에서 확인할 수 있습니다. 보험금 청구를 위한 상세 자료는 지자체 홈페이지에서도 확인 가능합니다.
개인적으로 가입한 민간 보험에서 상해 사고로 인한 보장을 받았는데도 시민안전보험금을 또 청구할 수 있을까요? 가능합니다. 시민안전보험은 개인보험과 중복 보장이 가능합니다. 지자체별로 보장하는 항목은 상이하니 꼭 사전에 체크한 뒤 활용하기 바랍니다.

국민재난안전포털에서 제공하는 시민안전보험 Q&A

Q 국민 누구나 안전보험에 가입돼 있나요?

A 주소지의 지방자치단체가 안전보험에 가입했을 경우 가입됩니다. 지방자치단체별로 보장 항목 및 보장 규모에 차이가 있으니 주소지의 안전보험 가입 정보를 확인하기 바랍니다.

Q 타지역에 가서 피해를 입었는데 보상받을 수 있나요?

A 주소지의 지방자치단체에서 타지역 및 국외 사고에 대해 보장하도록 안전보험에 가입했을 경우 보장받을 수 있습니다.

Q 자연재해로 인해 피해가 발생했을 경우 재난지원금과 보험금을 다 받을 수 있는 건가요?

A 보험금을 수령했을 경우 재난지원금을 받을 수 없습니다.

Q 시민안전공제 담보 중 자연재해 상해사망 담보에서 정하는 '자연재해'의 범위(정의) 및 보장내역은?

A 동 담보에서 '자연재해'의 범위(정의)는 시민안전공제 약관에 따라 「재난 및 안전관리 기본법」 제3조(정의) 제1항 가목에 정의된 '자연재난' 및 '열사병', '일사병', '저체온증'을 말하며, 자연재해로 인해 피공제자인 시·군·구민이 사망한 경우 가입 금액(보상 한도) 전액을 일시금으로 지급합니다.

Q '후유장해'의 정의 및 분류체계는?

A '후유장해'란 약관에서 정한 사고를 원인으로 신체에 입은 상해로 인해 신체에 남아있는 영구적인 훼손 상태를 말하며, 장해분류표에서 정한 신체 부위(눈, 귀, 코, 다리, 손가락 등)별 영구적인 훼손 정도에 따라 등급이 나눠집니다.

Q 사고 발생 시 보상 처리 절차와 청구 기간, 청구권자는?

A 사고 발생 시 피공제자는 시민안전공제 사고 처리 전담 창구에 사고를 접수해야 하며, 공제회는 사고 처리 절차 안내 및 사고사실 확인(손해사정) 등을 통해 보상 여부를 판단 후 공제금을 지급합니다. 청구 기간은 사고 사실을 안 날로부터 3년이 이내이며, 청구권을 3년간 행사하지 않을 경우 「상법」 제662조(소멸시효) 및 시민안전공제 약관 제29조(소멸시효)에 의거 청구권이 소멸합니다. 청구권자는 피공제자로 하되, 사망의 경우 유가족 중 대리인을 지정해 사고접수 및 공제금을 청구할 수 있습니다.

Q 자연재해 및 감염병 담보에 대한 보상을 받으려면?

A 자연재해 및 감염병 담보는 약관에 의해 「재난안전법 시행규칙」 제5조에 따라 재난 상황이 보고된 경우에 한해 보상됩니다. (재난 상황 보고 누락 시 상해사망 공제금 지급 불가)

Q 사망 담보에서 15세 미만자의 가입이 제한되는 이유는?

A 「상법」 제732조(15세 미만자 등에 대한 계약의 금지) 조항에 따라 15세 미만자를 대상으로 하는 사망 담보의 보험계약 자체가 '무효'이며, 보험시장 전체에서 15세 미만자의 사망에 대해서는 가입 및 보상이 이뤄지지 않습니다.

자동차 보험료 확 줄이려면?

매년 초 들려오는 실손보험과 자동차보험 등 각종 보험료 인상 소식. 특히 자동차보험은 의무보험이라 운전자라면 매년 비싼 보험료를 내야 하는데 조금 더 싸게 가입할 수는 없을까?

자동차 운전자들의 평생 고민이죠. 비싼 자동차 보험료를 할인 받을 수 있는 방법은 없을까요? 가장 널리 알려져 있는 것은 무사고 할인과 주행거리 할인입니다. 적게 타고 사고를 덜 내는 것 말고도 최근에는 다양한 할인 특약들이 쏟아져 나오고 있습니다. 하지만 막상 일일이 알아보려면 귀차니즘이 몰려와 '하던 대로' 그냥 가입하는 분들도 많습니다. 그 어떤 할인 특약도 '자동 적용'은 없습니다. 알아야만 활용할 수 있는 법. 보험사들이 제공하는 자동차보험 할인 특약을 모두 짚어보겠습니다.

3년 무사고·주행거리 적으면 보험료 확 싸진다

보험사마다 제공하는 할인 특약은 조금씩 다르지만 하나의 공통점이 있습니다. 사고가 덜 날 것 같은 운전자에게는 보험료를 할인해준다는 점입니다. 운전 경력이 없는 사회 초년생이 첫 자동차보험에 가입할 때 상대적으로 보험료가 비싼 이유입니다.

운전 기간이 길수록 경력이 인정돼 보험료가 저렴해지는 것은 모든 보험사의 공통 사항입니다. 이 때문에 보험 가입 시 차량을 운전할 사람을 지정할 때 '최저 연령자'의 나이가 많을수록 보험료가 저렴해집니다.

본격적인 할인 특약을 살펴볼까요? 대표적인 할인법은 '무사고 운전'입니다. 말 그대로 사고가 나지 않은 운전자는 다른 보험사에 가입할 때도 무사고 이력으로 할인받을 수 있습니다. 일반적으로 3년 연속 무사고일 경우 보험료는 11~18%까지 할인됩니다.

만약 운전을 자주 하지 않는다면 '마일리지 특약'을 활용할 수 있습니다. 연간 주행거리 실적에 따라 보험료를 환급받을 수 있는 제도로, 대부분의 보험사들이 '후정산형'으로 운영 중입니다.

방법 역시 간단합니다. 차량번호판과 계기판 사진 전송을 통해 주행거리에 따라 보험료를 환급받게 되는데, 그 기준은 보험사마다 다르지만 연간 주행거리 2,000km 또는 3,000km 이하부터 3,000~5,000km, 5,000~1만km 등 구간별로 할인해주는 방식입니다.

블랙박스·차선이탈경고장치 있어도 할인

기술이 발전하면서 각종 장치를 달았을 때 1~6%가량 할인받을 수 있는 특약도 생겼습니다. 가장 많이 알려진 것은 블랙박스 장착 할인입니다. 대부분의 보험사에는 차량용 영상기록장치(블랙박스) 특약이 있습니다. 블랙박스가 장착된 차량의 경우 사고가 발생했을 때 과실 유무를 판단하는 것이 더 쉽기 때문입니다. 다만 보험사에 따라 전 차종에 대해 할인이 가능한 경우가 있고, 차령을 12년 또는 9년식 이하 등으로 한정하는 경우가 있으니 체크해야 합니다.

최근에는 자동차 기술 발전에 발맞춰 '첨단 안전장치 장착 특약'이라는 것도 등장했습니다. 대표적인 것은 '차선이탈경고방지장치'입니다. 말 그대로 차량 운전 중에 차선을 이탈할 경우 경고음이 울리는 똑똑한 장치입니다.

차선을 벗어나지 않도록 유지해주는 '차선유지지원장치'도 할인 대상입니다. 차량 출고 시 기본 또는 옵션으로 장착하는 경우 이를 확인할 수 있는 사진을 제출하면 특약 할인을 받을 수 있습니다. 다만 이런 장치들이 정상적으로 작동되지 않을 경우 할인받은 보험료를 반환할 수 있으니 주의해야 합니다.

운전 습관도 자동차 보험료 할인으로 이어질 수 있습니다. 안전 운전자를 대상으로 한 'UBI 특약'입니다. 스마트폰 내비게이션 티맵 앱을 통해 일정한 거리를 운행한 후 급정거나 급발진 등이 적다고 판단돼 안전 점수를 높게 받으면 보험료를 할인해주는 특약으로, 대부분의 보험사들이 이 특약을 운영하고 있습니다. 앱 설치 후 가입 절차도 간편하고, 주행 시 알아서 운전 점수가 계산되는 만큼 많은 운전자들이 이용하고 있는 특약입니다.

임신과 출산도 자동차 보험료 할인 대상

임신 중에도 그리고 출산 후에도 모두 자동차 보험료 할인을 받을 수 있습니다. 아이가 생기면 평소보다 운전에 조금 더 신경을 쓸 수밖에 없습니다. 이 점을 고려해 보험사들은 태아 할인과 자녀 할인 특약을 각각 운영하고 있습니다.

먼저 해당 특약으로 할인받으려면 병원에서 임신확인서를 발급받아 배우자 명의의 자동차보험인 경우 가족관계증명서 또는 주민등록등본을 제출하면 됩니다. 할인율은 보험사마다 다르지만 태아의 경우 최대 17%, 이후 만 0세는 10%가량 보험료 할인이 됩니다.

아이가 태어난 후에도 자녀 할인 특약을 받을 수 있습니다. 최대 만 6세 이하(보험사에 따라 최대 만 12세까지도 가능) 자녀가 있는 운전자들은 약 2~5% 저렴하게 보험료를 낼 수 있습니다. 자동차보험 가입 기간 도중 임신 사실을 알게 됐다고 해도, 중도에 언제든 신청이 가능합니다.

슬기로운 TIP

자동차 보험료를 할인받을 수 있는 다양한 할인 특약들이 있지만 운전자 범위를 '누구나'로 지정하는 경우 적용이 안 될 수 있습니다. 운전자 범위를 부부 또는 꼭 필요한 사람으로 좁히는 것이 보험료 절약에 도움이 됩니다.

위에서 언급한 운전 습관과 관련된 특약 외에도 저소득층을 위해 3~8%가량 할인을 받을 수 있는 '서민 우대 특약'도 있습니다. 기초생활수급자 또는 부부 합산 연 소득이 4,000만 원 이하인 만 30세 이상 피보험자(5년 이상 된 1,600cc 이하 승용차 또는 1.5t 화물차를 소유한 경우), 피보험자 혹은 그 동거 가족이 중증 또는 1~3급 장애인이면서 부부 합산 연 소득이 4,000만 원 이하인 경우 이 특약을 활용할 수 있습니다.

마지막으로, 보험사들이 운영 중인 온라인 다이렉트 채널을 통해 가입하는 경우 오프라인으로 가입하는 것보다 15~20% 더 저렴하게 가입이 가능합니다. 손해보험협회에서 운영 중인 '보험다모아' 사이트를 통해 보험사별 보험료를 비교한 후 가입하는 방법도 추천합니다.

'댕댕이 20세 시대', 펫보험 대해부

인간은 100세 시대, 반려견도 이제는 20세 시대. 사랑스러운 내 강아지, 20세 넘을 때까지 내 곁에 있어 주면 안 되겠니?

4가구 중 1가구는 반려동물과 함께 살고 있는 시대입니다. 이제는 동물이라는 개념에서 벗어나 반려견, 반려묘로 표현하며 '함께 평생을 살아가는 가족'의 개념으로 발전했습니다. 반려견이 조금이라도 더 건강했으면, 그리고 더 오래 함께했으면 하는 마음이 맞물려 빠른 속도로 성장하고 있는 시장이 있는데, 바로 '펫보험 시장'입니다. 현재 판매되고 있는 펫보험들의 보장내역과 유의사항 등을 살펴보겠습니다.

만 8세까지만 가입 가능 ··· 나이 많을수록 보험료 많아

최근 손해보험사들이 판매하고 있는 반려동물 보험, 일명 '펫보험'입니다. 말 그대로 반려견 또는 반려묘의 상해 및 질병 등을 보장하는 보험입니다. 내 반려견이 갑자기 사고를 당하거나 질병에 걸렸을 때, 동물병원에서 진료받고 보험금을 청구하는 방식입니다. 사람이 가입하는 실손의료보험 또는 건강보험과 유사한 형태입니다.

하지만 펫보험은 사람이 가입하는 보험보다 '더' 까다롭고 보장해주는 항목도 한정적입니다. 시중에 판매 중인 펫보험들은 대부분 만 7~8세까지로 가입연령을 한정하고 있습니다. 반려견들의 시간은 사람의 시간보다 더 빠르게 흐르죠. 만 8세 이상이 되면 사실상 노견으로 인식되는 만큼 어린 나이에만 가입이 가능합니다.

현재 보험사들이 판매 중인 펫보험은 만 1세를 기준으로 했을 때 평균 월 보험료가 4만~5만 원대 수준입니다. 만약 가입연령 커트라인인 만 8세의 반려견을 위해 펫보험에 가입한다면, 가입이 가능할 수는 있지만 보험료는 훌쩍 높아진다는 점을 감안해야 합니다.

나이만 영향을 주는 것은 아닙니다. 견종에 따라 보험료도 달라지는데, 대형견일수록 보험료가 비싸지는 특성이 있습니다. 또한 일부 보험사는 '등록을 완료한 반려견'에 대해서만 보험에 가입해주는 경우가 있으니 이 점도 꼭 확인해야 합니다.

슬개골 탈구·상해·질병 보장 ··· 예외 항목도

그렇다면 보장 항목에는 어떤 것들이 있을까요? 시중에 판매 중인 5개의 펫보험을 살펴본 결과, 반려동물의 입원이나 통원 치료에 대해 1일 평균 10만~15만 원까지 보장해줍니다. 수술한 경우에도 회당 150만~200만 원을 평균적으로 보장합니다. 그렇다고 무조건 모든 수술에 대해 보험금을 주는 것이 아니라, 연간 횟수 제한 또는 보장 금액 제한이 있으니 체크해야 합니다.

반려견 주인들이 가장 관심이 있는 부분은 바로 '슬관절 수술비'입니다. 슬개골 탈구라고도 불리는데요. 무릎 앞쪽의 슬개골이 제자리에서 벗어나는 질환으로 펫보험 중 보험금 지급 1위를 차지하고 있습니다. 이전에는 슬개골 탈구 수술 비용이 수백만 원에 달하는 데다, 강아지들에게 흔하게 발생하는 질환이라 보장에서 사라지기도 했습니다.

하지만 최근 반려동물 인구가 크게 늘고 슬개골 탈구 보장에 대한 수요가 높아지면서, 현재는 모든 보험사들이 슬개골 탈구 수술비 보장을 앞세워 펫보험을 판매 중입니다(특약 형태로도 가입 가능). 이와 함께 내 반려견이 타인에게 피해를 줬을 때 활용할 수 있는 배상책임도 상품에 따라 500만~3,000만 원 한도로 보장받을 수 있습니다.

반대로 보장하지 않는 예외 항목도 있습니다. 기본적으로 보험사들은 반려동물의 선천적, 유전적 질병에 대한 증상은 보장하지 않습니다. 또한 미용으로 인한 비용, 중성화 수술 비용, 손톱 절제, 목욕 비용 등은 보장 항목에서 제외됩니다. 반려동물에게 흔히 발생하는 피부질환의 경우에도 일부 보장이 되지 않는 상품이 있으니 꼭 필요하다면 해당 담보 유무를 체크해야 합니다.

펫보험, 보장 까다로운 이유는?

최근 펫보험 상품이 늘면서 보험사들은 반려견의 구강 질환이나 장례지원금 등 추가적인 특약을 신설하며 보장 확대에 나섰습니다. 그런데도 펫보험은 보장 항목이 까다로운 보험으로 알려져 있습니다. 그 이유는 무엇일까요?

먼저 표준화되지 않은 진료수가 때문입니다. 동물병원의 진료비는 일반 병원과는 달리 천차만별인데 특히 견종에 따라, 반려견의 나이에 따라 수십, 수백만 원 차이가 나기도 합니다. '부르는 게 값'이라는 말이 있을 정도로 진료수가가 천차만별이라 보험사 입장에선 부담스러울 수밖에 없는 상품입니다.

또 한 가지 이유는 동물에 대한 '모럴 해저드(도덕적 해이)' 우려 때문입니다. 내 가족처럼 반려동물을 생각하는 대부분의 견주들 외에, 일부 보험금을 노린 악행을 막기 위해 상품이 까다롭게 설정된 부분도 있습니다.

예를 들어 모든 펫보험은 기본적으로 자기부담금이 있습니다. 보험에 가입하면 100% 보장을 받는 것이 아니라 일부 비용을 들여야 한다는 것입니다. 상품 가입 시 자기부담금 비율을 설정할 수 있습니다. 또한 일반 보험과 달리 사망보험금이 없고 소액의 장례지원금만 보장한다는 점도 모럴 해저드를 예방하기 위한 장치입니다.

슬기로운 TIP

펫보험도 사람이 가입하는 보험과 같이 '가입 전 알릴 의무'가 있습니다. 제대로 고지하지 않으면 가입 후 보험금을 청구할 때 제대로

보험사별 펫보험 상품 비교

보험사	A	B	C	D
가입 대상	강아지, 고양이	강아지, 고양이	강아지	강아지, 고양이
동물 등록	미등록견 가능	미등록견 가능	등록견만 가능	등록견만 가능
가입 연령	91일~만 8세	60일~만 8세	8개월~만 8세	3개월~만 7세
갱신 간격	3년	1년 또는 3년	3년	1년
보장	• 입·통원 1일 15만 원 • 수술 1회 200만 원 • 배상책임 회당 1천만 원	• 질병상해 의료비 1일 15만 원 • 수술 회당 150만 원 • 피부병 1일 15만 원 • 배상책임 연 3천만 원 한도	• 입·통원 1일 15만 원 • 수술 회당 150만 원 • 배상책임 회당 50만 원	• 입·통원 1일 10만 원 • 수술 회당 150만 원 • 배상책임 회당 500만 원
특약	슬관절 수술 치과 진료	슬관절 수술 사망 위로금	슬관절 수술 장례지원비	슬관절 수술 장례지원비

*견종에 따라 보험료는 상이

보상받을 수 없으니 꼼꼼히 체크해야 합니다. 펫보험 가입 전 반려외의 목적으로 양육하는지, 과거 3개월 이내 예방 목적 외의 질병으로 진찰받은 적이 있는지, 복용하고 있는 의약품이 있는지 등 알려야 할 의무 사항을 체크한 뒤 보험에 가입해야 합니다.

반려견들이 출생 후 초기에 가장 많이 걸리는 질병이 있습니다. 바로 '파보 바이러스'입니다. 어린 강아지들이 이 바이러스에 감염될 경우 치사율이 굉장히 높은 것으로 유명한데요. 이 때문에 시중에 판매되고 있는 펫보험들은 '파보'에 대해서는 보장하지 않는 경우가 대부분입니다. 단, 과거 1년 이내 예방접종 기록이 있으면 보장하는 경우도 있으니 추후 보장 분쟁을 줄이기 위해 예방접종은 꾸준히 시행해주는 것이 좋습니다.

그리고 여러 반려동물을 키우는 경우 2마리 이상 가입 시 보험료 할인 혜택을 받을 수 있는 상품도 있습니다.

"고객님, 보험 가입하세요."
이 전화 받기 싫다면?

"고객님, 마케팅 수신에 동의해주셔서요. 이번에 새로 나온 보험 안내 좀 해드리려고요."

언제 동의했는지 기억도 나지 않는 마케팅 전화. 보험부터 대출까지 끊임없이 전화가 걸려 오는데, 이 전화를 안 받을 수는 없는 걸까요? 마케팅 수신 거부 의사를 표현하면 되겠죠. 그런데 금융회사 하나하나 연락해서 마케팅 전화 수신 거부를 하려니 매우 번거롭습니다. 이런 경우 활용할 수 있는 제도가 있습니다. 한 번에 광고성 전화를 모두 차단할 수 있는 '두낫콜(Do Not Call)'입니다. '두낫콜' 활용법을 살펴보겠습니다.

텔레마케터 명단에서 제외되는 '두낫콜'

적어도 하루에 한 번씩은 꼭 받는 전화입니다. 새로운 보험상품부터 제휴카드, 대출 서비스까지. 분명히 마케팅 목적 전화 수신에 동의했다고는 하는데 대체 언제 어디서 동의했는지 기억은 잘 나지 않고 그렇다고 모든 전화를 끊어버리자니 내가 보유하고 있는 금융상품과 관련된 안내 전화일까 봐 막무가내로 끊을 수도 없습니다.

이런 경우 금융소비자들의 편의성을 높이기 위해 정부 차원에서 제공하고 있는 서비스가 있습니다. 바로 전화권유판매 수신거부의사 등록시스템, '두낫콜'입니다. 금융위원회가 각 금융협회들과 함께 제공하고 있는 제도로 현재 12개 금융업권과 협회가 참여하고 있습니다.

금융소비자가 두낫콜 홈페이지에 접속해 전화번호를 등록하면 해당 번호가 각 금융협회를 통해 금융회사로 전달되는 시스템입니다. 이때 전화권유판매 사업자, 즉 텔레마케터 등이 해당되겠죠. 이들이 영업하기 전 해당 시스템에 수신 거부 의사를 등록한 전화번호를 사업자의 영업 대상 목록에서 제외하게 됩니다.

광고성 전화만 차단 … 계약 유지 목적은 제외

소비자가 두낫콜을 신청했을 때 금융회사에서는 기본적으로 '모든 전화권유판매 사업자에 대한 거부 의사를 표명'한 것으로 인식합니다. 이 때문에 금융회사의 영업 목적 광고성 전화와 문자 메시지 발송이 차단됩니다.

하지만 마케팅 목적 이외의 계약 유지 등을 위해 필요한 연락

등은 차단 대상이 아니기 때문에 걱정 없이 신청할 수 있습니다. 예를 들어 내가 A 은행에 대출이 있는데 두낫콜 서비스를 신청했을 경우, 광고 목적성 전화만 받지 않을 뿐 A 은행에 있는 내 대출 연장이나 만기 안내 등과 관련된 전화는 받을 수 있다는 의미입니다.

모든 금융사의 마케팅을 차단하지 않고 특정 금융사의 전화만 안 받고 싶다면 두낫콜 홈페이지에 접속해 특정 사업자, 일부 금융사에 대한 수신 거부 해제도 가능합니다. 두낫콜 홈페이지 수신 거부 조회 및 수정 메뉴를 통해 조정할 수 있습니다.

이렇게 편리한 서비스, 왜 몰랐지?

이 서비스는 온라인 홈페이지뿐만 아니라 모바일로도 언제 어디서든 접속해 신청이 가능합니다. 그런데도 신고된 광고성 전화수 대비 두낫콜 가입률은 20% 안팎에 불과합니다. 가입률이 저조한 것은 많은 사람들이 모르고 있기 때문으로 분석됩니다.

두낫콜 서비스는 지난 2014년 3월 범정부 차원에서 발표한 '금융 분야 개인정보 유출 재발 방지 종합대책' 추진 과제 중 하나로 선정돼 시행되고 있습니다. 꽤 오래된 서비스죠. 다만 금융사의 입장에서는 이 서비스로 텔레마케팅 영업이 위축될 우려가 클 수밖에 없습니다. 이렇다 보니 금융사가 직접 나서 적극적으로 '두낫콜'을 홍보할 수는 없을 것입니다.

게다가 최근에는 스팸전화를 막아주는 휴대폰 앱도 매우 많습니다. 특히 통신사 자체적으로 제공하는 전화 서비스 앱의 경우에도 광고성 전화나 스팸전화를 전화벨이 울릴 때부터 걸러주는 만큼, '두낫콜'이 설 자리가 줄어든 셈이죠. 하지만 우리의 개인정보는 소중합니다. 금융소비자들은 언제든 연락중지청구권을 행사할 수 있다는 점을 기억해야 합니다.

슬기로운 TIP

'두낫콜'을 등록했는데도 전화가 계속 오는 경우 체크해봐야 할 사항을 알려드립니다.

① 두낫콜 시스템은 기본적으로 본인 명의 휴대전화 인증 후 신청하는 절차를 거치기 때문에 본인인증이 된 휴대전화 번호의 전화와 문자메시지만 연락이 차단됩니다. 만약 휴대전화 번호가 바뀐 경우에는 두낫콜 등록을 '꼭' 다시 해야 합니다. 또한 휴대전화를 2대 보유하고 있어도 위와 같은 이유로 각각 등록해야 합니다.

② 두낫콜 시스템에 신청한 내역은 2주 주기로 업데이트되어 각 금융협회를 거쳐 금융회사로 전달되기 때문에 최종 반영까지 최대 2주가 소요될 수 있습니다. 두낫콜 등록을 했더라도 그 후에 금융사 영업점의 마케팅에 대해 동의했다면 또다시 전화가 올 수 있는 만큼, 이 경우에도 다시 두낫콜 등록을 해야 합니다.

③ 두낫콜의 등록 유효기간은 2년입니다. 만일 신청일로부터 2년이 지났다면, 다시 신청해야 합니다.

해당되는 사유가 없는데 계속해서 전화가 걸려 오는 경우 두낫콜 홈페이지를 통해 직접 민원을 신청할 수 있습니다.

보험금 노린 '계곡 살인', 종신보험 주의보

혼인신고 5개월 만에 남편을 피보험자로 생명보험 4개 동시 가입, 가능한 일일까?

얼마 전 공개수배됐던 '가평 계곡 살인사건'의 용의자가 남편과 혼인신고를 하고 생명보험 여러 건을 집중적으로 가입한 사실이 드러나 충격을 준 적이 있습니다. 생명보험은 말 그대로 사람의 생명 혹은 건강과 관련해 발생하는 위험에 대해 보험금이 지급되는 상품입니다. 사망 시 지급되는 보험금 규모가 큰 만큼 악용하는 사례가 적지 않게 나타나고 있죠. 생명보험의 대표적 상품인 종신보험에 대해 알아보겠습니다.

종신보험 가입 한도 제한? 사실상 없다

가평 계곡 살인사건을 통해 알려진 A씨는 남편의 사망보험금을 받기 위해 여러 차례 살인을 시도한 것으로 드러났습니다. 독이 있는 복어 피를 먹인다거나 물을 두려워하는 남편을 계곡에서 다이빙까지 유도, 결국 사망까지 이르게 한 사건입니다.

사망한 남편은 여러 개의 생명보험에 가입되어 있었고, 월 보험료만 70만 원에 달했던 것으로 나타났습니다. 일반적인 상식선에서 여러 개의 생명보험에 가입해 월 100만 원에 달하는 보험료를 내는 일은 쉽지 않습니다. 보험사들은 보험 가입 시점에서 합리적인 의심을 해볼 수는 없었을까요?

가입자들이 보험상품에 가입할 때, 보험사는 정보 조회를 통해 해당 가입자가 어떤 상품에 가입돼 있는지 확인할 수 있습니다. 대표적인 보험상품인 실손보험의 경우에도 중복 보장이 되지 않는 만큼 가입 단계에서 확인이 가능합니다. 종신보험도 마찬가지입니다. 다른 종신보험에 가입돼 있는지 확인은 가능하지만, 중요한 점은 설계사가 가입자의 추가 가입을 제한할 근거는 없다는 것입니다.

생명보험의 경우 가입 한도 제한이 있긴 하지만, 1인당 50억~80억 원 수준으로 매우 높게 설정돼 있습니다. 상한선이 사실상 없는 것이나 다름없습니다. 게다가 일반적으로 종신보험은 자산가들이 상속세 재원 마련을 위해 여러 건을 활용하는 경우도 있고, 설계사들의 실적과도 연결되는 만큼 상품 가입에 대한 개수 또는 한도를 제한하는 것은 쉽지 않다는 게 업계의 설명입니다. 특히 이번 사건의 경우 '지인'이었던 설계사를 통해 보험에 가입한 사례라 더 안타까움을 줍니다. 종신보험은 악용될 가능성이 있는 만큼 계약 단계에서 보험사는 물론 설계사 차원의 보다 꼼꼼한 심사가 필요해보입니다.

사망보험금 수익자 지정 명확해야

그렇다면 종신보험에 가입할 때 계약자가 꼭 확인해야 할 점은 무엇일까요? 가장 중요한 부분은 바로 '수익자 지정'입니다. 종신보험은 피보험자가 사망했을 때 수익자가 보험금을 수령하는 방식이기 때문에 수익자를 지정하는 것이 그 무엇보다 중요합니다.

일반적으로 종신보험에 가입할 때 수익자는 대부분 '법정상속인'으로 자동 지정합니다. 수익자를 명확히 체크하고 가입하는 분들은 많지 않습니다. 제1순위는 배우자나 자녀가 되겠죠. 이번 계곡 살인사건의 경우에도 보험료는 사망한 남편이 지급해왔지만, 결국 수익자가 배우자로 지정된 사례였습니다.

하지만 가정마다 사정은 각기 다릅니다. 이혼 가정이나 부모와 자녀 간 갈등이 있는 경우 등 여러 상황이 있을 수 있습니다. 이런 이유로 추후 종신보험 사망보험금 수령 시 분쟁이 발생하는 사례도 많습니다. 그 때문에 종신보험 가입 시에는 수익자를 명확하게 지정하는 것이 추후 분쟁을 줄일 수 있는 방법입니다.

단, 사망을 담보로 하는 만큼 가족관계가 아닌 제3자로 수익자를 지정하는 경우 보험사기 가능성이 높다고 판단, 계약이 거절될 수 있습니다.

2개월 돈 못 내면 실효 … 부활 때는 다시 심사

종신보험의 경우 2개월간 보험료를 납부하지 않으면 실효됩니다. 효력을 잃는다는 의미입니다. 보험료를 낼 형편이 되지 않는 경우 해약할 수 있는데, 해지환급금은 원금에 훨씬 못 미치는 만큼 주의가 필요합니다.

실효된 상태에서 보험료를 다시 지급하고 '부활'시킬 수 있습니다. 이를 업계에서는 부활 절차라고 합니다. 하지만 계약을 부활시킬 때는 심사가 다시 이뤄질 수 있습니다. 장기간 보험료를 내지 않고 있다가 갑자기 보험료를 내는 경우 목적성이 있다고 판단, 보험사에서 이를 거부할 수도 있습니다.

종신보험은 가정의 가장 유고 시 남은 가족들에게 경제적 부담을 주지 않기 위해 가입하는 대표적인 상품입니다. 하지만 수년째 사망보험금을 담보로 한 보험사기가 이뤄지고 있고, 이 과정에서 불행하게 목숨을 잃는 사람들도 있습니다. 사람 목숨을 담보로 한 상품인 만큼 가입 단계부터 깐깐한 심사와 관리감독이 요구됩니다.

슬기로운 TIP

금융당국에서 매년 강조하고 있는 게 있습니다. 바로 종신보험은 '저축성 보험'이 아니라는 점입니다. 보험상품명에 '종신보험'이 붙은 경우 이는 사망보험금이 지급되는 보장성 보험입니다. 그렇기 때문에 원금을 보장하지 않고, 중도해지 시 큰 손실을 볼 수 있음을 기억해야 합니다.

간혹 종신보험을 노후 자금용으로 생각하는 사람들이 있는데, 종신 보험은 말 그대로 종신보험일 뿐입니다. 연금 형태로 수령이 가능하 다고 해도 온전한 저축성 보험의 역할에 미치지 못하니 용도에 적합 한 금융상품을 명확하게 선택하는 것이 중요합니다.

종신보험은 남은 가족들을 위한 보험입니다. 나의 미래는 종신보험 이 아닌, 저축성 또는 연금을 통해 준비하면 됩니다.

가벼운 접촉 사고, 보험 처리 할까 말까?

도로 주행 중 '쿵' 하고 앞차와 살짝 접촉하는 사고를 낸 경우 상대방의 차량 수리비는 40만 원. 이걸 보험으로 처리해야 하나, 내 돈으로 내야 하나….

'가벼운 접촉 사고, 보험 처리 할까 말까?' 운전자들의 단골 고민입니다. 실제로 많은 운전자들이 자동차 사고가 발생했을 때 이 고민을 한다고 합니다. 보험으로 처리하자니 보험료 할증이 부담되고, 내 돈으로 처리하자니 이럴 거면 보험은 왜 들었나 싶기도 하고…. 가벼운 접촉 사고가 났을 때, 손해 덜 보는 방법을 알아보도록 하겠습니다.

'3년 무사고 할인' 받고 있는지 체크!

자동차 운전자라면 무조건 가입해야 하는 자동차보험. 자동차 보험료는 나이나 성별, 보유하고 있는 차종에 따라 상이합니다. 그중 보험료에 가장 큰 영향을 주는 것은 바로 운전 경력입니다. 초보 운전자의 첫 자동차 보험료가 비싼 이유는 그만큼 사고 발생 가능성이 크기 때문이죠.

반대로 차량 운전 경력이 높을수록 보험료는 저렴해집니다. 그만큼 운전에 능숙하고, 사고 발생률이 낮을 것이라고 판단하기 때문입니다. 운전 경력 가운데 또 하나의 중요한 포인트는 바로 '무사고'입니다. 아무리 경력이 많다고 해도 사고율이 높으면 보험료가 높아질 수밖에 없습니다. 어마어마한 '보험료 갱신 폭탄'이 있기 때문입니다.

이 때문에 사고를 내지 않고 안전운전을 하는 사람의 보험료는 저렴할 수밖에 없습니다. 자동차보험 할인 특약 중 가장 큰 할인율을 갖고 있는 것은 바로 '3년 무사고 할인'입니다. 3년간 사고 기록이 없다면 10% 내외로 보험료 할인을 받을 수 있습니다.

갱신 보험료 3년 치 비교하기

'3년 무사고 할인'이 바로 운전자들을 고민에 빠뜨리는 중요한 포인트입니다. 위 사례처럼 가벼운 접촉 사고가 발생했을 때 보험 처리를 한다면 어떨까요? 자동차보험은 3년간 단 1건의 소액 사고가 있어도 보험료 할증이 될 수 있습니다. 게다가 이미 3년간 무사고로 할인 혜택을 받고 있다면 다음 갱신 때부터 이 혜택을 받지 못하는 사태가 발생해 손해가 더 커질 수 있습니다.

운전자의 할인 상황에 따라 보험 처리가 유리할 수도 또는 불리할 수도 있기 때문에 단순히 사고 처리 비용만으로 판단해선 안 되겠죠. 3년간의 갱신 보험료를 따져봐야 하는 것이 포인트입니다.

정리해보면, '본인 돈으로 부담했을 때(보험 처리하지 않은 경우) 3년간 총 갱신 보험료'가 '보험 처리했을 때 3년간 갱신 보험료'보다 비싼 경우엔 보험 처리를 하면 되고, 그 반대의 경우에는 본인 부담이 더 유리하다는 설명입니다. 사고 규모나 차종에 따라 갱신율은 상이하니 설계사 등을 통해 계산과정을 거치는 것을 추천해 드립니다.

귀찮아서 이미 보험 처리를 했는데 손해라면?

"에잇, 계산하기 귀찮아! 복잡하니까 그냥 보험 처리해주세요!" 이런 결정을 내리는 분들도 많습니다. "갱신이 얼마나 될지, 오차가 얼마나 있을지 어떻게 미리 계산해서 상황을 판단을 합니까?" 이렇게 반문하며 일단 보험 처리부터 하는 분들이 많습니다.

이미 보험 처리를 하고 보상까지 받았는데 나중에 알고 보니 보험 처리한 것이 더 손해라는 것을 알게 되었다면 '보험료 환입제도'를 활용하면 됩니다. 모든 운전자들이 자동차보험에 가입되지만 정작 보험료 환입제도에 대해 모르는 분들이 매우 많습니다.

이 제도는 보험 처리가 완료된 사고의 보험금을 갱신 전 보험사에 돌려주면, 해당 사고를 보험료 할증평가에서 제외해주는 제도입니다. 말 그대로 보험 처리된 비용을 돌려준 뒤 내 사고내역을 삭제하는 것입니다. 그렇다면 무너졌던 나의 3년 무사고 할인 혜택도 부활하게 됩니다. 순간 판단이 잘못됐다고 자책하지 마시고 이 제도를 적극 활용해보시길 바랍니다.

보험 처리하기 애매한 경미한 사고가 발생했을 때, 관건은 어떤 것이 더 손해인지 '계산'하는 것입니다. 하지만 3년 치 갱신될 보험료를 미리 계산하는 게 쉽진 않습니다. 이 때문에 일부 보험사는 온라인상에서 간단한 사고 정보만 입력하면, 향후 3년간의 갱신 보험료와 사고 처리 비용을 고려해 나에게 유리한지 불리한지를 판단해주는 서비스를 제공하고 있습니다. 이 서비스를 이용하면 복잡하게 계산할 필요 없이 보다 빠른 선택이 가능해지겠죠.

내 자동차 보험료의 할증 내역은 보험개발원에서 제공하는 '자동차 보험료 할인·할증 조회 시스템'을 통해서도 누구나 자신의 보험료 관련 정보를 조회할 수 있습니다. 보험개발원 홈페이지에서 확인 가능합니다.

부부 특약 가입했다 '이혼', 무사고 인정가능할까?

'아주 살짝' 앞차와 부딪혔는데 목덜미부터 잡고 나오는 운전자분. 이후 보험사에 확인해보니 한 달째 병원에 누워있다는 소식까지…. 치료비는 내 자동차보험으로 계속 나가고 있는데….

정부가 자동차보험 제도 대수술에 나섰습니다. 핵심은 '나이롱 환자'를 없애겠다는 겁니다. 위 사례처럼 경미한 사고에 과잉 진료를 받는 사람들이 증가하면서 연간 5,400억 원의 보험금 누수가 발생하고 있기 때문입니다. 어떤 부분이 바뀌는지 세부적으로 다뤄보겠습니다.

4주 이상 치료 받으려면 진단서 필수

앞으로 자동차 사고로 장기간 치료를 받으려는 사람에게 꼭 필요한 것은 바로 진단서입니다. 그동안은 진단서 없이도 자동차 사고로 인한 치료를 마음껏 받을 수 있었습니다. 보통 직장인의 경우 사고가 발생해도 회사 눈치를 보느라 장기간 입원하기 힘든 경우가 많지만, 시간에서 상대적으로 자유로운 사람들이 이를 악용하는 사례가 많다고 합니다. 경미한 접촉 사고인데도 병원에 한 달 이상 입원하는 경우, 진단서 제출이 의무화됩니다.

2023년부터 상해 1~11등급 중상 환자를 제외한 경상 환자는 4주까지는 진단서 없이도 치료받을 수 있지만, 4주를 초과할 경우 진단서에 기재된 진료 기간에 따라서만 보험금이 지급됩니다. 이 기준을 4주로 잡은 이유는 경상 환자의 63%가 14일, 81%가 28일 이내에 진료를 종결했다는 통계가 있기 때문입니다. 이미 캐나다나 영국 등 선진국들은 보험금 청구 시 의료기관 진단서 발급을 의무화하고 있습니다.

또 하나 달라지는 점은 바로 '과실책임주의 도입'입니다. 현재는 자동차 사고가 발생하면 과실 정도와 무관하게 상대방 보험사에서 치료비를 전액 지급받습니다. 하지만 앞으로는 이 치료비를 지급하는 데에도 과실을 따진다는 겁니다. 이 역시 진단서 제출 의무와 함께 경상 환자에 대해서만 적용됩니다.

기존처럼 치료비를 우선 전액 지급하되, 이후에 본인 과실을 따져서 과실 부분은 환수하는 방식입니다. 본인 과실에 해당되는 부분은 자동차보험으로 처리한다고 보면 됩니다. 이 두 가지 제도 개선으로 전 국민의 자동차 보험료는 계약자당 평균 2~3만 원 절감될 것으로 정부는 예측하고 있습니다.

한방 병의원 치료도 규제 대상 … 상한선 설정

자동차보험금 누수의 가장 큰 원인으로 꼽히는 것 중 하나가 바로 한의원 진료입니다. 특히 최근에는 한의원 상급 병실 설치가 늘면서 상급 병실 입원료 지급 규모가 크게 증가하고 있습니다. 현행 자동차보험은 건강보험과 달리 병실 등급과 관계없이 입원료를 보험에서 전액 지급하는데, 앞으로는 상급 병실 입원료의 상한선을 설정하는 방안이 검토됩니다.

아직 논의 중인 사안이지만 입원료의 일정 부분을 환자 본인이 부담하거나 환자의 신체적·심리적 안정, 집중 치료 필요 등 '치료 목적'을 위한 상급 병실 입원만 허용하는 방안도 검토될 것으로 보입니다.

또한 급여 항목에 포함되지 않은 첩약이나 약침 등 한방 진료 주요 항목의 진료수가 기준이 마련됩니다. 경미한 사고로 과도하게 약침 치료를 받는 등 과잉 진료가 이뤄지는 것을 막기 위해섭니다. 한의원 입장에서는 반발이 큰 사안일 수 있지만, 과도한 보험금 지급이 선량한 가입자들의 보험료를 올리는 데 영향을 미칠 수 있기 때문에 정부 차원에서 적극적으로 추진되고 있습니다.

부부 특약 가입했다가 이혼했다면?

이번 제도 개선 내용을 살펴보면, 주요 골자는 보험금을 더 깐깐하게 주겠다는 것입니다. 사실 보험 가입자 입장에서는 '내가 환자가 될 수 있다'는 생각에 이번 제도가 과도하다고 생각할 수도 있습니다. 다행히 이번 개편안에는 보험금 지급을 규제하는 내용 외에도 보험료 할인 요소들이 함께 포함되어 있었습니다.

먼저 부부 특약에 가입한 무사고 운전 경력 배우자에 대한 규제가 완화됩니다. 예를 들어 내가 남편과 함께 부부 특약에 가입했고, 사고를 한 번도 낸 적이 없는 무사고 운전자입니다. 그런데 만약 이혼하게 되거나 또는 장거리 직장으로 발령이 나서 남편과 별도로 자동차보험에 가입해야 하는 상황이라면 어떨까요? 현행대로라면 별도 자동차보험 가입 시에는 부부 특약 기간 무사고 경력이 인정되지 않습니다. 운전 경력 없이 새로 자동차보험에 가입되는 만큼 보험료는 더 비싸질 수밖에 없습니다.

이런 문제점들을 해소하기 위해 앞으로는 별도 자동차보험 가입 시에도 무사고 기간을 동일하게 인정해주기로 했습니다. 최대 3년까지 인정되고, 이 무사고 기간이 반영된 위험등급을 적용하면 최초 가입 보험료보다 약 20~30%의 보험료 인하 효과가 있을 것으로 전망됩니다.

고속도로 등에서 차량으로 떨어지는 낙하물로 사고가 발생한 경우, 현재는 치료비 등 손해비용을 전적으로 피해자가 부담하고 있습니다. 하지만 이 부분도 개선, 낙하물 사고도 정부보장사업 대상에 포함하기로 했습니다. 현재 정부가 보장해주는 피해는 무보험 사고와 뺑소니 사고입니다. 여기에 차량 낙하물 사고가 포함됩니다.

보험금 누수를 막기 위해 이런 제도들이 개선돼도, 사실 소비자들 입장에서는 사고가 발생했을 때 과실 여부를 어떻게 따지는가, 손해 액을 어떻게 산정하는가가 더 실질적이고 중요한 포인트입니다. 보 험금 청구 과정에서 과실에 따른 손해액을 산정하는 중요한 역할은 손해사정사가 하게 됩니다.

하지만 손해사정사에 대한 부정적 인식도 있습니다. 바로 '그래 봤 자 보험사 편'이라는 인식입니다. 실제 대형 보험사들은 손해사정 업무를 100% 지분을 보유한 자회사에 맡기는 경우가 많아 불공정 한 손해사정이 이뤄진다는 지적이 꾸준히 제기되었습니다. 이에 금 융당국은 최근 소비자 중심으로 손해사정사제도를 개편했습니다.

변경된 주요 내용은 '소비자의 보험금 청구 시 독립 손해사정사를 직접 선임할 수 있으며 보험사는 이를 소비자에게 안내해야 한다'는 것입니다. 무조건 보험사에서 지정하는 손해사정사에게 업무를 맡 길 필요가 없다는 의미입니다. 소비자들은 보험사에 손해사정사 직 접 선임권을 행사할 수 있습니다. 그리고 이에 대한 비용은 보험사 가 부담합니다. 보험금 청구 중 불합리하다고 생각되는 건에 대해서 는 직접 손해사정사를 선임하는 제도를 적극 활용해보기 바랍니다.

유리한 점만 설명해도 불완전판매입니다

"종신보험이 정말 필요해서 가입하는 사람도 있습니다. 나쁜 상품으로 매도하지 마세요."

종신보험 불완전판매에 대한 기사를 많이 쓰다 보니, 수많은 설계사분들의 항의 메일을 받기도 합니다. 최근 종신보험은 보장성 상품이기 때문에 저축이 아니라는 점과 변액의 경우 사업비를 제외한 금액만 운용된다는 내용을 보도했습니다. 이후 일부 설계사분들이 해지하지 않고 잘 유지하면 사망 후 유족에게 도움이 될 수 있고 상속세 재원 마련 등에 꼭 필요한 상품이 될 수 있다는 항의성 메일을 보내주셨습니다. 장기 보유하면서 종신보험의 추가된 기능까지 잘 활용하면 '본전 이상'이라는 의견들도 있었습니다.

종신보험 상품 자체가 나쁘다는 것이 아닙니다. 당연히 종신보험은 본연의 기능이 있습니다. 그런데도 종신보험이 저축성이 아닌 보장성 상품이라는 사실은 변하지 않습니다. 손실 발생 우려가 있음에도 불구하고 이를 제대로 설명하지 않고 마치 저축인 것처럼 오인하게 판매하는 것, 사업비가 공제된다는 점을 제대로 알려주지 않는 '불완전판매'가 문제입니다. 대체 어떤 사례들 때문에 종신보험이 논란의 대상이 됐는지 자세히 다뤄보고자 합니다.

보험 본연의 기능을 잊지 말자

금융감독원이 소비자 경보를 발령했던 상품이 바로 종신보험입니다. '종신보험을 저축성 보험인 것처럼 판매하는 행위'에 대해 소비자들이 주의하도록 경보를 발령했습니다. 종신보험은 사망 시 보험금을 지급하는 보장성 보험입니다. 예기치 못한 상황에 대비하기 위한 것이 보험이죠, 그것이 본연의 기능입니다. 그런데도 높은 이율만을 강조한다거나, 연금으로 전환해 수령이 가능하다며 저축성인 것처럼 설명해 판매하는 불완전판매 사례가 많다는 지적이었습니다.

실제 지난해에는 '종신보험 갈아타기 소비자 경보'가 발령됐습니다. 일명 보험 리모델링이라고 합니다. 보험계약자의 재무 상태나 생애주기에 적합하게 보험계약을 재구성해준다는 이유로 기존 보험을 해지하고 갈아탈 것을 권유하는 영업 방식입니다. 가장 대표적인 사례가 사망보험금을 증액하고 싶어 하는 고객에게 기존 종신보험 해지 후 새로운 종신보험 가입을 유도하는 방식이었는데, 이 경우 해지환급금이 적어 손해가 클 수밖에 없습니다.

두 사례 모두 소비자가 손해를 볼 가능성이 큰 불완전판매에 해당합니다. 이미 종신보험에 가입했다면 원금 손실이 없도록 섣부른 갈아타기는 자제하는 것이 바람직하고 아직 가입 전이라면 저축이 아닌 본연의 목적에 맞게 제대로 된 설계 후 가입하는 것이 최선입니다. 그리고 종신보험은 저축성 보험이 아니라는 기사에 "추가 납입 기능을 활용하면 저축성 보험보다 유리할 수 있다"고 반박하신 분들도 계셨습니다. 추가 납입 기능은 기본 보험료 2배 이내에서 보험기간 중 보험료를 추가로 납입하는 기능입니다.

이와 관련해 금감원에서 배포한 '종신보험 가입 시 유의사항'을 살펴보니 "종신보험의 경우 이미 기본 보험료에서 높은 위험 보험료와 사업비(비용, 수수료)가 차감되기 때문에 추가 납입 보험료를 활용한다 해도 그 환급률이 위험 보험료와 사업비가 상대적으로 낮은 저축성 보험의 환급률을 초과하기는 어렵다"는 공식 설명이 있었습니다.

리베이트·대리 서명 등으로 얼룩진 불완전판매

불완전판매가 도를 넘는 경우도 있습니다. 최근 금감원으로부터 업무정지 처분을 받은 한 법인보험대리점이 있었습니다. 해당 대리점에 근무했던 A씨에게 실제 어떤 불완전판매가 있었는지 직접 이야기를 들어봤습니다. 현재 A씨는 공익 제보자로 등록된 상태입니다.

A씨에 따르면 한 지역본부에서는 종신보험 상품을 고객이 3년만 유지하는 조건으로 가입하게 하면, 해당 설계사에게 납입 보험

료의 약 2,000%가 수수료로 지급됐다고 합니다. 엄청난 금액이죠. 보험 유지 기간이 3년을 지나면 수수료 환수 대상에서 제외된다고 합니다. 하지만 종신보험은 기본적으로 20년 이상 납부하는 장기 상품으로 3년 후 해지하면 가입자 입장에서는 손실이 날 수밖에 없습니다. 그래서 '짜고 치기'가 등장합니다. A씨에 따르면 3년 후 계약 해지를 조건으로, 가입자의 손실은 해당 대리점에서 보전해주는 방식이 성행했다고 합니다.

설계사의 수수료까지 지급하고 가입자의 손실까지 보전할 수 있는 재원은 그간 논란이 되어 왔던 보험사를 통해 받는 '리베이트'였다고 합니다. 원수보험사들이 법인대리점에 "우리 회사 상품으로 판매해주세요"라며 리베이트를 지급해 적발된 사건들은 많이 있었습니다. 가입 실적을 높이려는 행태가 이런 불법 영업 행위로까지 이어지는 셈입니다. 단순히 설계사의 문제는 아닙니다. 이 과정에서 가입자의 서명을 대신하는 대리 서명과, 해피콜 전화가 오면 무조건 '네'라고 대답하도록 권유, 심지어 설계사 자격이 없는 사람이 계약하는 종사자 명의도용 보험모집까지 이뤄지게 됩니다. 이 모든 것이 불완전판매로 적발된 사례입니다.

보험 선진화, 설계사에게 달렸다

종신보험 기사에 달렸던 댓글들을 자세히 읽어봤습니다. 그 중 "요즘 젊은 친구들이 얼마나 똑똑한데요. 옛날처럼 함부로 보험 가입 안 합니다"라는 댓글이 눈에 띄었습니다. 맞습니다. MZ세대로 불리는 2030세대들은 오프라인보다는 온라인이 더 익숙한 데다 본인들이 필요한 보험이 있으면 스스로 골라 찾아서 공부하기도 하죠. 최근 온라인 보험사 설립이 활성화되고 있는 것도 이에 따른 영향이 크다고 할 수 있습니다. 스스로 필요한 보장만 골라 똑똑하게 가입한다면 불완전판매와 민원 역시 감소할 가능성이 큽니다.

하지만 우리나라는 여전히 보험영업 채널 중 설계사 채널이 절반 이상을 차지합니다. 특히 지인의 지인을 통해 소개받아 보험에 가입하는 경우가 대다수입니다. 그만큼 설계사들의 보험상품 설명도 중요하다는 의미입니다. 대면 채널의 특징은 똑같은 상품이라도 어떻게 설명하느냐에 따라 가입률이 달라질 수 있습니다.

불완전판매에 대한 경각심을 높여야 하는 이유이기도 합니다. 보험설계사는 우리나라 금융산업을 발전시키고 보험의 선진화를 이룰 수 있는 중요한 키를 지닌 채널입니다. 실적 위주의 성과 보상 방식을 보험사 입장에서 당장 바꿀 수는 없지만, 불완전판매를 줄이고 보험에 대한 신뢰를 높이는 방안도 충분히 고려되어야 할 시점이라는 평가가 계속해서 나오고 있습니다. 더욱 정교한 교육의 필요성이겠죠. 이런 신뢰가 밑바탕이 돼야 보험산업 전체의 발전 가능성 역시 커질 것으로 전문가들은 보고 있습니다.

슬기로운 TIP

제목에서 언급한 것처럼 상품의 유리한 점만 설명하는 것도 불완전판매에 해당합니다. 최근 소송 전까지 이어진 생보사들의 즉시연금 이슈도 결국 '사업비를 공제한다는 내용을 제대로 설명하지 않았다'

는 민원이 출발점이었습니다. 물론 불완전판매 0건으로 업계에서 모범이 되는 정직한 설계사들도 많습니다. 불완전판매가 설계사만의 문제가 아닌 것도 사실입니다. 소비자들도 상품에 가입할 때보다 주의를 기울여야 할 필요가 있습니다. 내용도 모른 채 서명만 하면 결국 손해입니다.

사실 대부분의 소비자들은 보험 가입 후 약관을 확인하거나 설계사들의 설명에 의존합니다. 순서를 조금 바꿔보는 것도 좋은 방안이 될 수 있습니다. 가입을 계획하고 있는 보험상품의 약관을 미리 확인하는 것입니다. 알고 가입하는 것과 모르고 가입하는 것에는 분명히 차이가 있습니다. 보험사의 홈페이지에 가면 '상품공시실' 메뉴가 있습니다. 과거 판매했거나 현재 판매 중인 모든 상품의 약관을 확인할 수 있습니다.

기본적으로 보험은 보장 범위와 보험금 지급 제한 사유(보험금이 지급되지 않는 경우)가 가장 중요합니다. 약관 내용 자체가 어렵다면 소비자 입장에서 알기 쉽게 설명한 '상품설명서'라는 것이 있습니다. 이를 먼저 숙지한 뒤 추가적으로 설명이 필요한 부분은 설계사에게 문의하면 됩니다.

만약 이를 확인하지 않은 상태에서 보험에 가입했다면 가입자는 보험증권을 받은 날로부터 15일 이내, 청약 시점으로부터 한 달 이내에 청약을 철회하고 보험료를 돌려받을 수 있는 권리가 있습니다.

또한 보험 약관이나 청약서가 전달되지 않았거나 약관의 중요 내용에 대해 설명하지 않은 경우에도 불완전판매로 인정되므로 계약이 성립된 날로부터 3개월 이내에 계약을 취소하고 보험료와 이자를 돌려받을 수 있습니다.

부당한 권유로 잘 납입하고 있던 기존 보험을 해지하고 비슷한 보험으로 갈아타게 된 경우라면 계약 해지 6개월 이내에 소멸된 기존 보험계약을 부활시킬 수 있는 제도도 있으니 활용하시면 됩니다.

쓰기 불편했던 기사, 어린이보험 활용법

"꽃으로도 때리지 마세요."

이번 기사는 첫 줄만 작성했는데도 가슴이 미어집니다. 지난해 엄청난 학대로 열 살 조카를 죽음에 이르게 한 이모와 이모부의 만행이 드러났습니다. 공개된 영상 속에는 두 눈에 멍이 든 채 다리에 힘이 풀려 주저앉는 한 아이가 있었습니다. 지금까지도 이 영상은 실제 한 아이의 엄마인 제 가슴에 박혀 가시처럼 저를 찌릅니다. 물론 저뿐만 아니라 모든 부모의 가슴을 아프게 한 끔찍한 사건이었습니다.

사실 이번 주제를 정하는 데 고민이 많았습니다. 실생활에 도움이 될 수 있는 금융서비스 활용법과 함께 취재 비하인드 스토리를 전해드리는 게 주목적인데, 자칫 광고로 오인할 수 있어 주제

선정에 신중을 기할 수밖에 없기 때문입니다. 하지만 '있어도 활용 못 하는' 분들의 현명한 금융생활을 위해, 그리고 혹시라도 앞으로 필요로 하실 분들을 위해 어린이보험 활용법에 대해 알아보겠습니다.

아이들, 더 이상 소외계층이 아니다

사실 그동안 금융권에서 아이들은 소외계층이었습니다. 경제활동을 하는 계층이 아닌 데다, 통제가 쉽지 않아 사건·사고가 다량 발생할 수 있는 고위험군에 속하기 때문입니다. 하지만 최근 한 자녀 가구가 늘면서 아이에 대한 투자 여력이 커지고, 여기에 아동학대까지 사회적 이슈로 부각되면서 금융권도 아이들을 주목하기 시작했습니다.

최근 뉴스에서 가장 많이 볼 수 있는 사건 중 하나는 어린이집 학대입니다. 과연 교사로서의 자격이 있는지 의문이 들 정도로 아이를 공격하는 모습은 모두의 마음을 아프게 합니다. 아동학대에 이어 수법이 교묘해지는 학교 폭력까지, 아이를 다치게 할 수 있는 요인들이 점점 더 늘고 있습니다.

아이를 둘러싼 다양한 사고를 예방하기 위해 가입하는 대표적인 금융상품은 바로 어린이보험입니다. 최근 어린이보험은 필수적인 출산준비물로까지 꼽히고 있습니다. 그래서 이미 임신 때부터 태아보험 형태로 미리 가입하는 경우가 많습니다. 사실상 대부분의 아이들이 가입하고 있는 '어린이 버전 실손보험'으로 생각하면 됩니다.

진화하는 어린이보험 … 특약도 천차만별

어린이보험의 특약 변화만 봐도 사회적 흐름을 읽을 수 있습니다. 최근 어린이보험은 산모 고령화 추세에 맞춰 그동안 면책사유였던 고위험 산모를 위한 보장까지 확대하고 있습니다. 뿐만 아니라 최근 출시되고 있는 어린이보험에는 아동학대 피해에 대한 민사소송 변호사 선임비, 학대 피해에 대한 위로금, 학교폭력 피해와 이에 대한 정신적 치료비용까지 보장하는 경우가 있습니다. 그만큼 관련 사고가 증가하고 있다는 점을 감안하면, 이렇게 다양해지는 특약들이 달갑지만은 않습니다.

일부 어린이보험에는 '강력범죄 폭력 사고 위로금' 또는 '강력범죄 상해 치료비', '일상생활 폭력상해 특약' 등이 포함되어 관련 사고에 대해 보험으로 보장을 받을 수 있습니다. 만일 가입한 보험이 조금 오래된 보험이라 위에서 언급한 보장내역들이 없다고 해도 어린이보험은 2018년 이전에는 대부분 실손과 같이 묶어서 구성되어 있기 때문에 아이의 상해 관련 치료는 보장받을 수 있습니다.

어린이집에서 발생한 피해라면 어린이집이 의무적으로 가입해야 하는 어린이집안전공제회를 통해 일차적으로 보장받을 수 있습니다. 하지만 CCTV 확인 후 귀책사유를 따지고, 학대 의심 정황 등을 통한 신고 과정들을 거치려면 시일이 걸리기 마련입니다. 우선 아이의 상처가 시급하니 치료하고, 추후 어린이집이 자체적으로 가입한 보험은 물론 개인이 가입한 어린이보험 두 곳에서 모두 보험금을 받을 수 있습니다. 이후 법적책임과 처벌 등의 문제는 순차적으로 진행하면 됩니다.

정신적 피해는 까다롭게 살펴봐야

아이의 신체적 피해도 중요하지만 더 중요한 것은 바로 정신적 피해입니다. 학대 또는 학교폭력으로 인한 신체적 치료가 이뤄져도 정신적 치료가 병행되지 않으면 아이에게는 마음의 상처가 남게 됩니다.

대표적인 보장 대상은 우울증, 외상후스트레스장애, 공황장애 등이 있는데 이는 보험사마다 다릅니다. 이 역시 최근 출시된 일부 어린이보험에는 특약이 포함된 경우가 있지만, 이를 보장하지 않는 경우가 더 많습니다. 정신적 질환에 대해 보장하는 항목이 있더라도 이 경우 선천적 질환이나 정신적 장애 진단을 받은 경우에 대해서만 보장할 수 있으니 약관을 꼭 확인해야 합니다.

치료기관이 어디냐에 따라 보장 여부도 달라집니다. 학대나 학교폭력으로 인한 정신적 치료를 보장하지만 '의료기관'으로 한정된 경우가 많습니다. 아이의 언어치료를 예로 들어보겠습니다. 같은 언어치료라도 의료기관인 병원은 가능하고, 사설 치료센터의 경우 보험으로 보장이 안 되는 경우가 많습니다.

법률비용 담보를 찾아라

사실 학대나 폭력 문제는 단순하게 처리되기보다는 소송으로 이어지는 경우가 많습니다. 이 경우 아이의 병원비와 더불어 소송비용 부담까지 발생하겠죠. 최근 출시된 일부 어린이보험에는 '아동학대에 대한 민사소송 비용'이라고 명확하게 명시해 보장하는 특약이 있습니다. 하지만 해당 담보가 없는 어린이보험도 많습니다. 가입된 어린이보험 특약을 열심히 살펴봤지만 법률 관련 비용 특약이 없다고 해도 새로 가입하지 않아도 됩니다.

아이가 아닌 본인 또는 배우자의 보험을 활용하면 됩니다. 흔히 성인들이 가입하는 종합보험 중 '법률비용을 보장하는 특약'이 있는 경우 이를 통해 소송비용을 보장받을 수 있습니다. 아이가 미성년자라면 당연히 소송 주체는 보호자가 되는 만큼, 보호자 명의로 되어 있는 법률비용 담보로 민사소송 관련 비용을 보장받을 수 있습니다.

슬기로운 TIP

모든 어린이보험에는 안전장치가 있습니다. 바로 '사망보험금'이 없다는 점입니다. 법적으로 15세 미만 어린이의 사망을 보험사고로 한 보험계약은 모두 무효로 규정되어 있습니다. 왜 사망보험금이 없는지 현직 설계사에게 문의했습니다. 돌아온 대답은 다음과 같습니다. "부모가 보험금을 노리고 아이를 죽일 수 있잖아요."

어린이보험에 가입 중인 부모님들이 만약의 사고에 대비해 관련 특약을 활용할 수 있도록 알려드렸습니다. 아이가 다친 것도 속상한데, 금전적인 문제로 더 힘들어지는 것을 막고자 하는 취지입니다. 하지만 작성 내내 마음이 불편한 건 어쩔 수 없었습니다. 아이들의 피해에 대한 금전적 보상을 보험을 통해 받을 수는 있지만, 이런 사고가 발생하지 않도록 예방하는 것이 무엇보다 중요합니다. 오늘의 가장 중요한 슬기로운 TIP은 내 아이에게, 주변의 아이들에게 조금 더 많은 관심과 사랑을 베풀어 주는 것입니다.

"엄마, 300만 원만", 보이스피싱 보험도 있다

"엄마! 난데 핸드폰이 고장 나서 잠깐 친구 핸드폰으로 연락해. 급하게 고쳐야 하는데 돈 좀 보내줄 수 있어?"

'자식도 못 믿는 세상'이라고들 하는데 요즘은 정말 믿으면 안 됩니다. '그 자식'이 '그 자식'이 아닐 수 있습니다. 최근 기승을 부리고 있는 보이스피싱, 매번 그 수법이 교활해지고 더 정교해지는 탓에 피해자가 늘고 있습니다. 경찰도 못 잡는 보이스피싱 범죄자들, 그렇다면 우리는 어떻게 내 재산을 안전하게 보호해야 할까요?

어설픈 말투는 없다 … 서울말로 무장한 보이스피싱
먼저 보이스피싱 수법부터 알아보겠습니다. 아무리 보이스피싱 보험이라는 보장 상품이 있다고 한들, 보이스피싱에 속지 않는 것이 가장 중요하니까요.

최근 금융감독원은 보이스피싱 범죄자들의 새로운 목소리, '그놈 목소리'를 추가로 공개했습니다. 금감원 '보이스피싱 지킴이' 사이트에 방문하면 실제 보이스피싱 범죄자들의 목소리와 사례들을 직접 들어볼 수 있습니다. 어버이날이나 명절 연휴, 가족들이 한자리에 모였을 때 꼭 함께 들어보시는 것을 추천합니다. 왜냐하면 예전 '그놈'들이 아니기 때문입니다.

보통 보이스피싱이라고 하면 어설픈 연변 말투의 남자가 "○○○ 씨 맞습니까?"라고 묻죠. 첫 문장부터 '아, 보이스피싱이구나' 하며 끊어버리는 경우가 많았는데요, 최근 이뤄지고 있는 보이스피싱은 너무나 말끔한 목소리에 정확한 표준어까지 구사하는 경우가 많아 더 속기 쉬워졌습니다.

최근 중고 거래가 늘었다는 점을 악용해 중고 거래 사이트에서 개인정보가 도용됐다고, 통장계좌를 묻는 보이스피싱 사례도 있습니다. 모든 보이스피싱 범죄자가 남자라는 편견도 버려야 합니다. 부드러운 말투의 여자 목소리가 정신을 쏙 빼놓고 순식간에 수백만 원씩 가져가기도 합니다. 여기에 카카오톡이나 문자로 누군가를 사칭한 메신저 피싱까지…. 일단 돈 빌려달라고 하는 메시지는 의심부터 해야 합니다.

보이스피싱 보험, 얼마짜리일까?

지난 2020년 적발된 보이스피싱은 2만 5,858건, 피해액은 2,353억 원입니다. 범인을 잡기도 힘들지만 범인을 잡는다 해도 피해액은 돌려받기 힘듭니다. 이렇다 보니 보이스피싱 피해를 보장해주는 보험상품까지 등장했습니다. 사실 의구심이 컸습니다. "과연 누가 돈 들여가며 보이스피싱 보험에 가입할까?"라는 생각이 먼저 들었습니다. 다른 사고라면 몰라도, 보이스피싱에 당할 걸 대비해 비싼 보험료를 낸다는 게….

보이스피싱 보험을 판매 중인 한 보험사에 취재해보니 '무료'라는 충격적인 답변을 듣게 됩니다. 물론 모든 보험사가 무료로 제공하는 건 아닙니다. 대부분 유료이긴 하지만 보험료는 비싸 봐야 월평균 30원대. 30만 원 아니고 30원입니다. 생각보다 너무너무 저렴한 보험이었습니다.

하지만 30원만으로 보험에 가입할 순 없었습니다. 보이스피싱 보험은 단독 상품으로 판매되는 게 아니라 보통 일반 상품에 끼워 '특약' 형태로 판매됩니다. 일반 보험상품에 '보이스피싱 피해 보장 특약'을 넣어서 가입할 수도 있고, 빼고 가입할 수도 있다는 의미입니다.

공짜이거나 매우 저렴하거나, 일단 보이스피싱 보험 자체는 생각보다 문턱이 낮았습니다. 현재 대형사는 물론이고 중소형 손해보험사들도 특약 형태로 판매하고 있는데, 일단 무료인 게 가장 좋으니 무료 상품부터 언급해보겠습니다.

하나은행에서 판매했던 한 정기예금은 상품에 가입하는 소비자들을 대상으로 무료로 보이스피싱 보장 보험에 가입해줍니다. 물론 평생 보장해주는 건 아닙니다. 정기예금이 1년짜리인 만큼 보험도 1년간만 보장해주고 1년이 지나면 자동 소멸됩니다. 혹시라도 상품 가입 중에 보이스피싱 피해를 보았다면 보험금 청구를 하면 됩니다.

흥국화재가 NHN페이코와 제휴해 출시한 생활안심보험에도 보이스피싱 보장 특약이 포함되어 있습니다. 이 특약 역시 무료입니다. 악사손해보험이 판매 중인 보이스피싱 보험은 고령층을 위한 암보험에 특약 형태로 판매 중입니다. 월 보험료 '30원'입니다. DB손해보험, 캐롯손해보험 등 일반 보험상품에 포함된 보이스피싱 특약 역시 보장 금액에 따라 다르지만 평균적으로 수십 원대, 비싸야 100원대 수준이었습니다.

사기당하면 얼마나 보장해주나

보험료는 생각보다 너무 싼데, 과연 보장 금액은 어떨까요? 물론 보이스피싱 보험에 가입했다고 해서 피해 금액을 모두 보장받을 수 있는 것은 아닙니다. 당연히 최대한도 금액이 있을 것입니다. 해당 특약을 판매 중인 보험사들에 각각 문의해보니 최소 100만 원부터 최대 1,000만 원이었습니다. 수천만 원 피해를 봐도 보험으로 받을 수 있는 돈은 최대 1,000만 원이라고 보시면 됩니다.

하지만 보험사에 내는 보험료 수준에 비해선 생각보다 보장 금액이 많습니다. 실제로 보험사들은 '청구 건수가 많지는 않지만, 보험금이 한 번 나가면 손해율이 굉장히 높은 상품'이라고 설명합니다. 이 때문에 보험사나 설계사들이 적극적으로 판매하는 상품은 아닙니다. 그래서 다른 보험에 비해 가입률 역시 저조할 수밖에 없습니다.

하지만 중요한 건 가입률과 관계없이 보이스피싱 피해를 입어 보험금을 청구하는 사례는 매년 증가하고 있다는 점입니다. 실제 중소형사인 A사의 보이스피싱 피해 보험금 청구 건수는 2018년 20건에 불과했는데, 2020년 82건으로 늘었습니다. 그만큼 보이스피싱 수법이 늘어나고 정교해지고 있음을 의미합니다.

그래서 가입할까, 말까?

일반적으로 "나는 보이스피싱 절대 안 당해"라고 확신하는 분들이 많습니다. 사실 저도 마찬가지입니다. 그렇기 때문에 굳이 보이스피싱 보장 특약을 넣기 위해 무리해서 비싼 보험에 가입하는 '본말이 전도된' 행동은 대부분 하지 않을 것이라 생각합니다.

하지만 그 대상이 어르신들이라면 생각은 조금 달라집니다. 부모님을 위해 고령자 전용 보험 등을 알아보실 때 만약 보이스피싱 보장 특약을 함께 넣을 수 있다면, '월 30원'짜리를 굳이 가입 안 할 이유는 없어 보입니다. 만약 무료로 제공되는 특약이라면 고민할 필요조차 없겠죠. 다행히 무료였다가 슬쩍 유료로 전환되는 얍삽한 보이스피싱 보험은 취재 중에 발견되지 않았습니다.

해당 특약은 저렴한 보험료에 비해 상대적으로 보장 금액이 크기 때문에 보험사에서 적극적으로 팔진 않는다고 언급했는데요. 기본적으로 금융사들이 잘 안 팔려고 하는 상품일수록 '알짜' 상품일 가능성이 큽니다.

하지만 가장 좋은 방법은 보이스피싱에 아예 속지 않는 것입니다. 위에서 언급한 금감원의 '그놈 목소리', 부모님과 함께 꼭 들어보시길 추천합니다. 자산 모으기 힘든 시대, 있는 돈이라도 잘 지켜봅시다. 보이스피싱 신고 번호는 금감원 '1332'입니다.

모든 보이스피싱 보험이 최근 유행하는 스미싱 등 메신저 피싱까지 전부 보장해준다고 생각하면 오산입니다. 보험사별로 보장하는 범위가 다르니 꼼꼼히 확인할 필요가 있습니다.

특약 이름에 보이스피싱이라고만 게재된 경우 전화로 걸려 온 사기만 보장해주고, 보이스피싱 및 스미싱 등으로 게재된 경우 스미싱까지 보장이 가능합니다. 또한 보이스피싱의 피해는 보통 계좌에서 인출된 금액이 피해액으로 산정됩니다.

만약 사기범이 보낸 악성 링크를 누르는 바람에 핸드폰이 만신창이가 됐다거나 핸드폰을 새로 구입하는 데 100만 원이 들었다고 보장을 요구하다간 낭패를 볼 수 있습니다.

아름다운 제주에서 렌터카로 사고 냈다

물 좋고 바람 좋은 제주. 모처럼 제주에서 시원한 여름휴가를 보내려고 했는데, 정신 차리고 보니 내 눈앞엔 범퍼가 찌그러진 렌터카만….

여름휴가를 맞아 제주로 떠나시는 분들 많으시죠. 코로나19로 해외여행이 제한된 만큼 국내로 눈을 돌리시는 분들이 많습니다. 제주 여행에서 빠질 수 없는 것은 바로 렌터카입니다. 실제 한 렌터카 가격 비교 앱에 따르면 지역별 이용률 중 제주도 이용률이 42.3%로 가장 높았습니다. 하지만 내 차도 아니고 빌린 차로 사고를 냈을 경우, 어떻게 해야 할지 막막합니다. 렌터카 사고를 대비해 챙겨야 할 사항들을 짚어봅니다.

렌터카 보험, 어디까지 보장되나?

여름 휴가철, 특히 제주도에서는 렌터카가 필수입니다. 멋진 해안도로를 달리고, 곳곳에 있는 맛집을 찾아다니려면 자동차가 꼭 필요하기 때문이죠. 자동차를 운전하려면 의무보험인 자동차보험 역시 필수입니다. 빌리는 차에도 예외가 없습니다. 이 때문에 우리는 휴가를 떠나기 전, 미리 차량을 이용할 날짜에 맞춰 렌터카 예약을 하게 됩니다. 이때 작성하는 것이 자동차 임대차 계약서입니다.

렌터카에도 당연히 기본적으로 자동차보험이 가입되어 있습니다. 자동차 사고로 사람에게 피해를 줬을 때 보상하는 대인 보상, 상대 차량에 피해를 줬을 때 보상하는 대물 보상이 있습니다. 제주도에서 운전을 하다 예기치 않은 사고가 발생했을 때, 상대방 차량과 운전자에게 피해를 줬을 경우 렌터카에 가입된 자동차보험으로 대인과 대물 보상이 가능합니다. 계약서 작성 시 대인과 대물 보상 한도를 미리 확인해두면 됩니다.

제주도는 렌터카를 이용하는 관광객들이 많은 만큼, 렌터카 간 사고도 적지 않습니다. 이 경우에도 각각 렌터카에 가입된 자동차보험으로 과실 비율에 따라 보상이 가능하니, 사고가 발생하면 계약한 렌터카 회사로 즉시 전화하면 됩니다. 다만 렌터카 보험 출동 서비스는 내 자동차보험 출동 서비스처럼 무상 지원이 안 되는 경우가 많습니다. 타이어 펑크나 견인 등을 이유로 출동 서비스를 부르면 출동비가 별도로 발생하는 경우가 대부분입니다.

'자차보험' 왜 이렇게 비쌀까?

렌터카 보험으로 사고가 났을 경우 남의 차는 보상해줄 수 있지만, 내 렌터카 피해는 누가 보상할까요? 내 과실로 앞 차량과 충돌했을 경우, 앞차의 뒤 범퍼는 내 렌터카 보험으로 보상할 수 있지만 내 렌터카의 앞 범퍼는 사비를 들여 고쳐줘야 하는 걸까요? 빌린 차이기 때문에 당연히 고쳐줘야 합니다. 하지만 이럴 때를 대비해 렌터카 계약에도 '차량손해면책 서비스'라는 담보가 존재합니다. 일명 '자차보험'으로 불리는데, 말 그대로 자기 차량을 보상해줍니다.

차량을 빌릴 때 자차를 포함해서 가입할 수 있고, 자차를 제외한 일반 자동차보험에만 가입할 수도 있습니다. 선택사항입니다. 하지만 이왕 가입하는 것, 만약의 사고를 대비해 자차까지 포함된 차량을 빌리려는 분들이 많겠죠. 문제는 가격입니다. 특히 여름 휴가철에는 렌터카 이용자들이 늘면서 렌터카 요금 역시 큰 폭으로 뜁니다. 여기에 자차까지 포함할 경우 며칠만 이용해도 이용료가 수십만 원까지 오르는 기이한 현상을 겪게 됩니다.

제 실제 경험담이기도 합니다. 몇 년 전 제주 여행을 갔는데, 하필 여름휴가 성수기여서 렌터카 요금이 굉장히 비쌌고, 그마저도 구하기가 쉽지 않았습니다. 간신히 가장 저렴했던 경차를 빌리는 데 성공했는데, 단 3일 이용료가 자차를 포함해 50만 원에 달했던 기억이 있습니다.

사실 제주 렌터카 회사에서 일컫는 자차보험은 위에 언급한 대로 '차량손해면책 서비스'입니다. 자동차보험이 아닌 서비스가 자차보험으로 불리고 있는 것입니다. 「여객자동차 운수사업법」에 따라 이 서비스는 보험처럼 판매되고, 가격 역시 렌터카 회사들이 직접 책정하게 됩니다. 휴가철 렌터카 요금이 오르는 이유 중 하나입니다.

비싼 자차보험 가입 안 하려면?

그렇다면 렌터카를 이용할 때 만일의 사고를 대비해 꼭 자차보험에 가입해야 하는 걸까요? 물론 다른 방법이 있습니다. 내 자동차보험을 활용하는 방식입니다. 자동차보험에는 '렌터카 사고를 보상하는 특약'이 있습니다. 일명 타차 특약이라고도 불립니다. 내 차가 아닌 다른 자동차의 손해를 지원하는 특약입니다.

다만 보험 약관을 명확하게 확인할 필요가 있습니다. 내 차가 아닌 다른 자동차에 '렌터카가 포함되는지'를 명확히 확인해야 합니다. 보험사별로 해당 특약에 대한 자동차 기준이 다르기 때문입니다. 타 차량 기준에 렌터카가 제외된 특약도 있는데, 이 경우에는 렌터카가 포함된 특약으로 명확하게 선택해 가입하는 것이 중요합니다.

특약 내용 중 타 차량에 대한 정의에 '승차 정원과 대여 기간'이 명시된 경우가 있습니다. 보통 10인승 이하, 대여 기간 7일 이내로 규정된 경우가 있는데 이때 11인승을 운전했다면 보상을 받을 수 없게 됩니다. 이 두 가지를 모두 확인했다면, 해당 특약에 미리 가입하는 것이 자차가 포함된 렌터카를 빌리는 것보다 비용이 적게 드는 방안입니다.

보험사에 근무 중인 한 직원에게 렌터카 사고 중 가장 분쟁이 많은 부분에 대해 물었습니다. 최근까지도 가장 많은 분쟁이 발생했던 사안은 '계약자가 아닌 다른 운전자가 사고를 냈을 때'였습니다. 렌터카 계약 시 운전 가능한 사람을 지정합니다. 최근에는 운전자 외 1명으로 지정하는 경우가 있는데, 대표 운전자 1명으로만 계약하는 경우도 많습니다. 계약서를 꼼꼼히 봐야 하는 이유입니다. 만약 운전자로 지정되지 않은 사람이 운전하다 사고가 난 경우 보험 처리가 안 되는 경우가 발생합니다.

렌터카는 분쟁이 많은 분야인 만큼 사실 확인이 중요합니다. 차량 인수 시 운행 전 차에 스크래치 등 이상이 없는지 미리 사진으로 남겨놓는 것이 좋고, 차량 반납 시 연료도 채워야 하는 만큼 연료판도 운행 전 미리 사진으로 남겨둬야 합니다. 사고가 났을 때도 마찬가지로 파손 부위 등을 사진으로 남겨놔야 추후 분쟁을 방지할 수 있습니다.

Chapter 4

학교에서
꼭 알려줬으면 하는
금융 꿀팁

보이스피싱을 막을 수 없는 세 가지 이유

"보이스피싱 정말 막고 싶죠, 저희야말로 정말 없애고 싶습니다."

며칠 전 한 금융사 대표를 만났습니다. 기사 연재 초반에 다룬 '보이스피싱 보험' 기사를 잘 봤다는 응원의 말과 함께, 금융사들이야말로 그 누구보다 보이스피싱을 근절하고 싶어 한다고 토로했습니다. 보이스피싱 예방을 위한 금융사들의 행정적 노력과 더불어 이에 수반되는 비용도 만만치 않기 때문입니다. 그렇다면 우리는 왜 보이스피싱 범죄를 완전히 막을 수 없는 걸까요? 대체 어떤 한계점이 있는지, 실제 보이스피싱 예방 업무를 담당했던 금융당국 관계자를 만나 세 가지 채널로 나눠 현황을 알아봤습니다.

100만 원 기준의 한계

어색한 연변 사투리로 "금융감독원입니다"라고 걸려 온 전화. 사실 너무 오래된 수법이라 이제는 속지 않는 분들이 많으실 겁니다. 하지만 최근에는 말끔한 표준어를 사용하는 사기범들이 늘었습니다. 2020년 당시 금융위원장이었던 은성수 위원장은 "금융위원장인 나에게도 은성수라며 전화가 걸려 왔다"고 언급해 화제가 되기도 했습니다. 그만큼 보이스피싱 대상 역시 제한이 없다는 의미입니다.

정교화된 피싱 사기를 막기 위한 대표적인 대응 방안은 송금받은 돈을 현금인출기에서 30분간 찾을 수 없게 한 지연인출제도입니다. 현재 은행 계좌에서 100만 원 이상의 돈이 옮겨지면 30분 동안 인출이 불가능합니다.

환자의 생명을 결정짓는 시간을 골든타임이라고 부르는데, 보이스피싱 피해를 막을 수 있는 골든타임도 30분으로 보고 있습니다. 만약 돈을 송금하고 피싱 사기가 의심된다면 30분 안에 금융회사와 경찰청에 피해 사실을 신고하고, 지급정지를 요청하면 됩니다.

그렇다면 100만 원이라는 기준을 더 강화할 수는 없을까요? 누군가에게 100만 원은 없어도 될 돈일 수 있지만 누군가에겐 전 재산이나 마찬가지일 수 있습니다. 이와 관련해 금융당국 관계자는 "한도를 더 강화하고 싶어도 선의의 피해자가 나올 수 있다"고 우려합니다. 인출 제한 기준 금액이 더 낮아지면, 그만큼 일상생활에 불편을 겪는 사람들이 많아질 수 있기 때문입니다.

실제로 지연인출제도를 시행한 이후 "등록금을 제때 내지 못했다"는 민원이 금융위로 제기된 적이 있다고 합니다. 정해진 날까지 송금을 꼭 해야 하는 일상 업무가 생각보다 많다는 의미입니다. 게다가 제도 변화를 꿰뚫고 있는 사기범들은 최근에는 인출 제한에 걸리지 않게 "99만 원씩 나눠서 입금하라"는 과감한 요구를 한다고도 합니다.

진화하는 피싱 앱 … 기술의 한계

다행히 전화로 걸려 오는 피싱 사기에 당하는 피해자들은 그 규모가 상당히 줄었다고 합니다. 그만큼 보이스피싱 예방 교육도 강화됐고 사기 수법에 대한 홍보도 활성화됐기 때문입니다. 하지만 보이스피싱 피해자가 줄었는데도 전체 피해 규모는 전년과 유사합니다. 왜일까요? 보이스(목소리)가 줄어든 대신 다른 채널의 피싱이 늘었기 때문입니다. 대표적인 것이 바로 '스미싱'입니다.

너도나도 스마트폰을 사용하는 시대. 기술이 발전하니 문자메시지 하나로도 스마트폰을 좀비로 만들 수 있게 됐습니다. 피싱 앱이 스마트폰에 설치되면 개인정보나 비밀번호 등 민감 정보들이 모두 사기범들의 손에 넘어가게 됩니다.

이런 문제에 대응하기 위해 현재 금융당국과 은행권은 뱅킹 앱 실행 시 스마트폰에 피싱 앱이 설치되어 있으면 구동되지 않게 하는 시스템을 운영 중입니다. 당국과 은행들도 나름대로 많은 기술력을 들여 대응하고 있습니다.

문제는 피싱 앱의 기술력도 함께 진화한다는 점입니다. 뱅킹 앱이 걸러낼 수 없도록 다양한 형태로 스마트폰에 침투합니다. 실제 저의 지인이 택배 조회를 사칭한 문자메시지의 링크를 눌러 스마트폰에 피싱 앱이 설치된 적이 있었는데, 아무리 스마트폰을 뒤

저도 해당 앱은 찾을 수 없어 삭제조차 불가능했습니다. 꼭꼭 숨어 설치되는 아주 무서운 앱입니다.

물론 새로운 피싱 앱에 대해 피해가 발생하면 당국과 금융사들은 이를 블랙리스트에 반영, 추가 피해를 막고 있습니다. 하지만 수백, 수천 가지의 앱이 개발되는 시대에 모든 것을 걸러내긴 쉽지 않겠죠. 말 그대로 피싱 앱이라고 확인되어야 하나씩 걸러낼 수 있는 어마어마한 노력이 수반되는 작업입니다. 의심되면 뭐든 안 누르는 게 현재로선 최선입니다.

역사가 깊은 대면 피싱 … 예방은 개인 역량

전화로도 앱으로도 금융권은 피싱 사기범들과 매일 전쟁을 치르고 있습니다. 위에서 설명한 것처럼 대응에 한계는 있지만, 그만큼 따라잡기 위한 노력은 지금도 계속되고 있습니다. 이렇다 보니 결국엔 얼굴을 직접 보고 만나서 사기를 벌이는 '대면 피싱'까지 등장합니다.

대면 피싱은 역사가 가장 깊습니다. 춘추전국시대로 거슬러 올라갑니다. 중국 고대의 변혁 시대, 한 사기범이 등장해 초(楚)나라 변두리 지방 관료를 찾아 "진(晉)에서 쳐들어오려고 준비 중인데, 내게 소정의 금액을 주면 잘 이야기해서 전쟁을 막겠다"고 거짓말을 합니다. 다시 진나라에 가서는 "초나라에서 전쟁을 준비 중인데, 내가 잘 이야기해서 막아주겠다"며 또 돈을 받죠. 말 그대로 대면 피싱의 시초입니다.

현재도 경찰청, 금감원 직원을 사칭해 직접 만나 돈을 요구하는 대면 피싱이 기승을 부리고 있습니다. 금융당국 관계자는 "대면 피싱은 세 가지 유형 중 가장 막기가 어렵다"고 전합니다. 시스템을 통한 사기는 해당 시스템을 차단하는 방식으로 예방해 나가면 되지만 시스템 없이 직접 만나서 벌이는 사기는 그야말로 '개인 역량'에 맡기는 수밖에 없기 때문입니다.

이 때문에 처벌 강화를 요구하는 목소리도 높아집니다. 현재 피싱 사기는 형법상 사기죄 혐의를 받아 10년 이하의 징역 또는 2,000만 원 이하의 벌금에 처하게 됩니다. 중간 가담자는 사기 방조죄 혐의로 5년 이하의 징역입니다. 하지만 이제 피싱은 단순한 사기가 아니죠. 피해액의 규모도 증가하고, 개인뿐만 아니라 가족까지도 파괴하고 있습니다. 다행히도 검찰은 최근 보이스피싱 범죄에 강력 대응하기 위해 형법상 범죄단체조직죄를 적용, 적발된 금액과 상관없이 법정 최고형을 구형하는 방안을 추진 중입니다.

슬기로운 TIP

최선의 예방책은 역시 '스스로 속지 않는 것'뿐입니다. 몇 가지 원칙만 숙지하면 됩니다.

첫째, 금감원이든 경찰청이든 "전화 끊지 말고 당장 은행으로 가세요"라는 말은 절대 안 합니다. 자신이 어떤 범죄에 연루됐는지 궁금하다면 전화를 끊고 직접 금감원이든 경찰청으로 방문하면 됩니다. 송금을 요구하는 전화는 100% 보이스피싱입니다.

둘째, 문자메시지로 오는 링크는 누르지 마세요. 택배 조회를 사칭한다면 포털 사이트 검색창에서 '택배 조회'만 검색해도 운송장 번호로 확인 가능합니다. 코로나19 이후 백신접종이나 재난지원금 지원을 사칭한 문자메시지가 기승을 부리기도 하는데요. 정부는 문자를 통한 광고나 자금 송금, 계좌번호 등 개인정보를 절대 요구하지 않습니다. 만약 링크를 잘못 눌러 무언가가 빠른 속도로 설치됐다면 당장 핸드폰 전원을 끄고 새로 교체하는 게 가장 안전합니다.

일상에서 지켜주세요

스마트폰 보안수칙 10

01 스마트폰 운영체제와 모바일 백신 최신으로 업데이트하기

02 공식 앱 마켓이 아닌 다른 출처의 앱 설치 제한하기 (출처를 알 수 없는 앱)

03 스마트폰 앱 설치 시 과도한 권한을 요구하는 앱은 설치하지 않기

04 문자 또는 SNS 메시지에 포함된 인터넷주소(URL) 클릭하지 않기

05 스마트폰 보안 잠금을 설정하여 이용하기 (비밀번호 또는 화면 패턴)

06 스마트폰 WiFi 연결 시 제공자 불분명한 공유기 이용하지 않기

07 루팅, 탈옥 등을 통한 스마트폰 플랫폼의 구조 임의변경 금지

08 스마트폰에 중요정보 저장하지 않기 (주민등록증, 보안카드 등)

09 스마트폰 교체 시 개인정보 등 데이터 완전삭제 혹은 초기화 적용

10 스마트폰, SNS 등 계정 로그인 2단계 인증 설정하기

과학기술정보통신부

KISA 한국인터넷진흥원

셋째, 정부 관계자를 사칭한 사람이 직접 만나 돈을 전달해달라며 대면 피싱을 시도한다면 당장 경찰에 신고하기 바랍니다. 만약 신고 타이밍을 놓쳤다면 만날 장소를 인근 '경찰서 앞'으로 못 박는 방법을 추천합니다.

누구나 다 알 만한, 너무나 당연한 팁이지만 몇 번이고 더 되새겨야 하는 방안들입니다. 세 가지 모두 숙지하셨나요? 그렇다면 지금 당장 부모님께, 또는 할머니와 할아버지께 전화해 전달까지 꼭 마무리해주시길 바랍니다. 보이스피싱 피해자들은 생각보다 가까운 곳에 있습니다.

"당신은 민생경제지원금 신청 대상자입니다"

최근 기자에게 날아온 하나의 문자메시지. "당신은 민생경제지원금 신청 대상자이지만 아직 신청이 되지 않아 안내를 드립니다." 그동안 수없이 많은 보이스피싱 기사를 다뤘는데도 불구하고, 순간 "뭐지? 내가 빼먹고 신청하지 않은 지원금이 있었나?"라는 생각과 함께 하마터면 통화 버튼을 누를 뻔했다.

진화해도 너무 진화합니다. 최근 이런 내용의 문자메시지를 3개나 받았는데, 스팸 메시지라고는 생각 못 할 정도로 너무나 정교하게 안내하고 있어서 깜빡 속을 뻔했습니다. 특히 코로나19 이후 정부에서 각종 지원금을 지급하면서 이런 문자메시지가 더 기승을 부립니다. 실제로 최근 시중은행들도 해당 문자메시지와 관련한 문의 전화가 몰리고 있다고 하는데, 과연 '민생경제지원금'을 받으라는 이 문자메시지의 정체는 무엇일까요?

누가 봐도 진짜 같은 문자메시지

결론부터 빠르게 알려드리겠습니다. 금융소비자를 상대로 한 '스미싱 문자'입니다. 번호든 링크든 누르면 안 된다는 의미입니다.

그런데 이 문자메시지 내용은 상품 개요부터 거창합니다. '민생경제 회복을 지원으로 시행하는 긴급 금융지원 특별보증 대출, 귀하께서 당행과 정부의 협약보증에 의한 특별보증 대출 승인 대상이지만 현재까지 신청하지 않는 것으로 확인됩니다. 지원 기한은 7월까지이니 아래 내용을 확인하신 후 신청접수 바랍니다.'

해당 상품을 취급하는 기관은 시중은행, 보증 비율은 정부 보증 100%에 금리도 1년간은 무이자, 이후 1~3%대 저금리로 안내되어 있습니다. 결국 은행과 정부가 민생경제 회복을 위해 저리로 대출해준다는 설명입니다.

평소 은행 발송 대출 문자라면 광고라 생각하고 그냥 지나칠 텐데, 코로나19 이후 재난지원금을 시작으로 각종 정책금융상품이 쏟아져 나온 만큼, '혹시 내가 빼먹은 혜택이 있나?' 싶은 마음에 문자메시지를 한 번 더 확인하게 됩니다.

하지만 해당 문자메시지에서 안내하는 번호로 전화를 걸면, 그 순간 '피싱'의 피해자가 됩니다.

은행 사칭해 전화 가로채기 앱 설치 유도

실제 해당 문자메시지가 온 번호로 전화하면, 개인 대출 담당자를 사칭한 사람이 카카오톡 등의 메신저를 통해 개별적으로 연락을 줍니다. 그리고 금융회사명으로 된 앱 설치를 유도합니다. 해당 앱을 설치하고 앱에 개인정보를 입력하라는 요구도 이어집니다. 이 앱은 '전화 가로채기'로 불리는 피싱용 앱입니다.

해당 앱이 설치되면 금감원이나 은행으로 전화해도 모두 해당 범죄단체로 연결됩니다. 앱이 설치된 후에는 경찰에 신고하는 것조차 어렵게 되겠죠. 이후 주거래은행이나 통신사, 핸드폰 기종 등 여러 정보를 묻고, 대출 실행을 이유로 선납금 등을 요구하는 방식입니다. 개인정보 유출과 더불어 2차 금전적 피해까지 이어지는 말 그대로 '스미싱 범죄'입니다.

문제는 이런 피싱 문자메시지는 실제 금융사 문자메시지와 구분하기도 어렵다는 점입니다. 현재 금융사들이 광고 및 마케팅 목적으로 회원들에게 보내는 문자메시지 앞에는 '광고'라는 문구와 함께 은행명이 포함되어 있습니다. 하지만 피싱 범죄단체도 이와 똑같은 방식을 사용하기 때문에 문자메시지만으로 사기 유무를 확인하기는 어렵습니다.

일부 은행들은 대표번호에 공식 '은행 로고'가 자동으로 뜨는 '리치 커뮤니케이션 서비스(RCS)' 방식을 활용하고 있지만, 이 역시도 모든 금융사가 활용하는 방식이 아닌 데다 적용되지 않는 스마트폰도 있기 때문에 한계가 있습니다.

한 시중은행 소비자보호부에 직접 문의했습니다. 소비자들이 이런 문자메시지 피해를 입지 않을 수 있는 방법은 없을까요? "문자메시지가 진짜인지 가짜인지 의문조차 갖지 말아야 한다"는 답변이 돌아왔습니다. 시스템적으로 이런 문자메시지를 거를 수 있는 방법은 사실상 없는 셈입니다.

위 사례처럼 사칭 문자 자체가 너무나 정교해졌기 때문에 필요한 업무가 있으면 직접 가까운 은행 창구를 찾거나 또는 금융사 대표번호로 연락하는 것이 가장 안전한 방법이라는 설명입니다.

만약 정말 필요로 하는 금융상품에 대한 안내가 문자메시지로 도착했다면 어떻게 해야 할까요? 은행연합회는 은행을 사칭한 보이스피싱을 예방하기 위해 '은행 전화번호 진위 확인 서비스'를 운영하고 있습니다. 은행을 사칭한 것으로 의심되는 전화나 문자메시지를 받을 경우 실제 은행 전화번호가 맞는지 은행연합회 홈페이지에서 우선 확인할 수 있습니다.

> [○○부 지원금 신청 안내]
> 귀하는 국민지원금 신청대상자에 해당되므로 온라인 센터 (http://kr.nnillida.com)에서 지원하시기 바랍니다.

> 지원금 신청이 접수되었습니다. 다시 한번 확인 부탁드립니다.
> http://kr.jiwon.com

[출처: 금융감독원]

민생안정대책 생활안정지원자금 신청 안내

[Web발신]
(광고)
안녕하세요.

귀하께서는 【민생경제지원 긴급 생활안정지원자금】 신청 대상자이오나 현재까지 신청하지 않은 것으로 확인되어 안내드립니다.

본 지원은 신청 후 10일 내 지급을 완료하여 즉각적인 도움이 될 수 있도록 한시적 시행되는 민생지킴 종합대책사업으로, 긴급추가경정예산을 편성하여 시행하는 소득지원제도로서 생활안정 및 근로의욕 고취를 위해 지원대상을 대폭 확대하여 기존 정책자금 이용자 역시 추가 지원 가능하오니, 마감 전 빠른 신청하시어 어려운 시기에 미래를 준비할 수 있는 큰 힘이 되기를 바랍니다.

■사업개요: 장기적 소득 불평등 개선 및 민생경제 회복을 위한 중층적 금융지원.
■지원정책
-지원혜택: 무담보, 저금리, 장기상환, 보증지원, 신속지급.
-지원범위: 서민생계 긴급지원을 위한 중층적 특별자금 지원.
-지원자금: 경영안정, 생계안정, 고용안정, 중·고금리 대환 등
※중복수급 부정수급 오지급의 경우 환수 조치
■지원규모
-신청기관: 시중은행(제1금융)
-예산규모: 3조 5천억 원 규모
-보증기관: 신용보증재단, 보증비율: 100%(전액보증)
-지급방식: 제1금융권을 통한 대리 지급
■상세내용
-지원금리: 최초 1년 무이자, 연1%~3%대 내외

[기자가 받은 실제 스미싱 문자메시지]

개인정보가 노출된 것 같은 찝찝함이 느껴질 때

어느 날 도착한 택배 조회 문자메시지. 워낙 택배를 많이 받아서 아무 의심 없이 링크를 눌렀더니 핸드폰에 설치된 피싱 앱. 뒤늦게 부랴부랴 앱을 지우고 핸드폰을 초기화했지만 내 개인정보가 유출된 것 같은 찝찝함이 느껴진다면?

개인정보 유출은 어느 순간부터 흔한 사고가 되었습니다. 앞에서 언급한 피싱 전화는 물론이고 문자메시지를 통한 앱 설치까지…. 실제 개인정보 노출자에 대한 2차 사고를 막기 위해 운영 중인 '개인정보 노출자 사고 예방 시스템'에 대해 살펴보겠습니다.

신분증을 잃어버렸어요!

부산에 사는 이모 씨는 어느 날 운전면허증이 들어있는 지갑을 분실했다는 것을 깨달았습니다. 평소 이용하던 카드사에 분실 신고를 해서 카드 부정 사용은 막았으나, 분실한 신분증으로 누군가 계좌를 개설하거나 대출을 받는 일이 발생하지 않을까 걱정되기 시작합니다.

물론 이름과 주민등록번호 등 일부 개인정보만으로 대출이나 카드 발급이 어렵지만, 다른 경로를 통해 유출된 정보와 결합할 경우 악용될 가능성을 배제할 수는 없습니다.

그렇다고 모든 금융회사에 면허증 분실 사실을 알릴 수도 없는 노릇이죠. 이럴 때 활용할 수 있는 서비스가 바로 금융감독원이 운영 중인 '개인정보 노출자 사고 예방 시스템'입니다.

금융 이용자가 신분증 분실 등으로 개인정보 노출이 우려될 때 금감원 소비자 포털인 '파인'에 등록해 명의도용을 예방하는 시스템으로, 개인 업무를 취급하는 전체 금융회사와 연결해 개인정보 노출 사실을 실시간으로 전파하는 방식입니다.

'파인'에서 노출 사실 등록하세요

방법은 간단합니다. 금융소비자 포털 사이트인 '파인'에 접속해 개인정보 노출 등록을 할 수 있습니다. 직접 은행 영업점을 방문해서 등록하는 것도 가능합니다.

개인정보 노출 사실이 등록되면 해당 정보는 각 금융협회를 통해 실시간 금융회사로 전달됩니다. 만일 해당 정보로 은행 거래가 진행될 경우 영업점 단말기에 '본인 확인 주의'라는 문구가 뜨게 됩니다.

영업점 직원은 해당 문구를 확인하고, 본인 확인에 대한 절차를 보다 까다롭게 할 수 있겠죠. 명의도용이 의심될 때는 거래제한 조치 등을 진행하게 됩니다.

상세 주소와 계좌번호, 결제 계좌, 결제일 등 세부정보를 추가 확인하고 철저한 신분 대조를 통해 명의자와 거래자를 비교하게 됩니다.

피싱 앱 의심될 때도 꼭 활용하세요

2021년 기준 금감원 '파인'에 등록된 개인정보 노출 건수는 20만 9,000건으로 전년보다 188% 증가했습니다. 현재 '파인' 항목에서 가장 많이 사용된 메뉴 1위로 꼽히고 있습니다.

사유를 보면 보이스피싱 등으로 인한 등록이 절반 이상을 차지합니다. 그만큼 피싱 사례가 늘고 있기 때문입니다.

특히 최근에는 보이스피싱뿐만 아니라 문자메시지 등으로 온 링크를 잘못 눌러 피싱 앱이 설치된 경우도 많습니다. 앱을 삭제하고 핸드폰을 초기화하는 것이 가장 좋지만 그 이후에도 내 정보의 유출이 우려된다면 개인정보 노출 등록을 통해 사고를 미리 예방하는 것이 좋습니다.

슬기로운 TIP

등록은 좋지만… 한 번 등록하면 매번 복잡하고 까다로운 절차를 거쳐 금융업무를 봐야 할까요? 아닙니다. 이 서비스는 수시로 해제도 가능합니다.

본인 확인 절차가 강화되면 일부 금융거래가 제한되는 만큼 불편함이 발생할 수 있습니다. 분실한 신분증을 재발급받았다거나 기간이 지나 명의도용 우려가 해소됐다고 판단되면 등록할 때와 동일한 방법으로 은행 방문이나 '파인'에서 언제든지 해제가 가능합니다.

종신보험은 저축 상품이 아니다

"일반 은행 저축보다 이율이 훨씬 높고요, 나중에 연금처럼 받아서 쓰실 수도 있어요. 바로 ○○○○ 종신보험입니다."

종신보험인데 일반 저축보다 이율이 좋고 연금처럼 나눠서 받을 수도 있다면, 그냥 은행에 맡겨두는 것보다 이게 훨씬 낫겠다 싶은 생각이 들죠. 설계사들의 '최애 상품'이면서도 소비자 피해가 커 보험 민원 1위 상품으로 꼽히는 종신보험. '사망 시 보험금을 지급하는' 보험인데, 대체 어떻게 저축성 상품으로 둔갑하게 된 걸까요?

'종신' 붙으면 무조건 종신보험

먼저 보험의 종류부터 살펴보겠습니다. 보험은 크게 보장성 보험과 저축성 보험으로 나뉩니다. 보장성 보험은 말 그대로 보험의 본래 기능인 '위험보장'에 중점을 둔 상품이고, 저축성 보험은 목돈 마련이나 노후생활 대비 저축 기능을 강화한 상품입니다. 그렇다면 종신보험은 어디에 속할까요? 종신보험의 정의는 '피보험자가 사망하면 보험금을 100% 지급하는 상품'입니다. 사망할 경우 보험금을 받을 수 있는 상품이니 명확하게 보장성 보험에 해당합니다.

대표적인 보험 종류

대표적인 보험상품 종류는 다음과 같습니다.
- 보장성 보험: 종신보험, 정기보험, 질병보험, 암보험, CI보험, 상해보험, 어린이보험, 실손의료비보험, 기타 보장성
- 저축성 보험: 연금저축보험, (변액/일반) 연금보험, (변액/일반) 유니버셜보험, 일반 저축보험

더 쉽게 이해할 수 있도록 금융감독원 홈페이지에 안내된 보험 종류 구분을 가져왔습니다. 확실히 종신보험은 보장성 보험에 포함되어 있죠. 저축성 보험으로 분류된 상품에는 연금저축보험과 연금보험, 유니버셜보험, 일반 저축보험 등이 포함됩니다.

그런데 일부 설계사들이 판매하는 상품의 이름을 보면 '○○○○ 유니버셜 종신보험', '○○○○ 변액 유니버셜 종신보험' 등 이게 대체 유니버셜보험인지 종신보험인지, 헷갈릴 때가 많습니다. 먼저 확인해야 할 사안은 보험상품 이름에 '종신'이 붙어있으면 무조건 종신보험이라는 것입니다. 저축성이 아닌 '보장성 보험'이라

는 의미입니다. 은행에 돈을 차곡차곡 쌓아두는 적금과는 다른 개념이라는 것을 숙지해야 합니다.

저축 상품으로 헷갈리는 이유

그렇다면 일부 설계사들은 종신보험을 왜 저축성 보험인 것처럼 설명하며 판매할까요? 종신보험은 10년 이상의 장기 상품인 데다 보험료가 비싸고 '사망 후에야' 혜택을 받을 수 있기 때문에 일반적으로 잘 가입하지 않으려는 상품으로 꼽히기도 합니다. 현실적으로 생각해보면, 당장 먹고살기도 힘든데 향후 내가 죽었을 때 남은 가족들을 위해 미리 돈을 모아둔다는 것이 필요한 부분이기도 하지만 당장 가입을 고려하기는 쉽지 않습니다. 특히 2030세대의 경우 벌써 죽음을 대비하기엔 이른 감이 있습니다. 대부분 내가 살아있을 때 보험금을 받을 수 있는 보험을 원합니다.

하지만 설계사 입장에서는 보험료가 비싼 보험을 팔아야 수수료를 많이 받을 수 있겠죠. 특히 종신보험의 경우에는 보험료도 비싸고 장기 상품이라 다른 연금이나 저축에 비해 설계사가 가져가는 수수료가 많습니다. 이렇다 보니 종신보험에 여러 기능이 붙기 시작합니다. 대표적인 것이 변액종신보험입니다. 변액종신보험은 사망 보장을 목적으로 하는 것은 맞지만 펀드나 채권 등 투자실적에 따라 보험금이 달라지는 특성이 있습니다. 가입자가 낸 보험료를 펀드 등에 투자해 그 실적에 따라 수익을 배분하는 보험이라고 생각하면 됩니다. 수익이 많아질 수도 있지만 그 반대일 수도 있습니다.

여기에 중도에 입금하거나 인출할 수 있는 수시 입출금 기능이 더해진 것이 변액 유니버셜 종신보험입니다. 유니버셜 기능은 보험료 납입을 중도에 중지할 수도 있고 추가 납입, 인출까지 할 수 있습니다. 사망하지 않더라도 생전에 보험금을 받을 수 있는 연금 전환 기능도 추가됩니다. 실제로 대부분의 소비자들이 종신보험을 저축성으로 오인하고 가입하는 경우는 '중도 인출' 기능과 '연금 전환' 기능 때문입니다. 급한 일이 생기면 중도에 인출해 사용할 수 있고, 사망 후 가족들에게 주지 않고 미리 연금으로 전환해서 받을 수 있는 특징 때문입니다.

게다가 투자 실적에 따라 수익률도 높아지는 변액 기능이 더해지니 설명만 들어보면 은행에 맡겨두는 것보다 훨씬 좋은 상품처럼 느껴지죠. "난 20년 동안 꼬박꼬박 보험료를 내고, 죽기 전에 연금으로 전환해서 활용하겠다"라며 가입하신 분들도 많습니다. 물론 가능합니다. 하지만 여기에는 한 가지 함정이 숨어있습니다.

설계사가 설명해주지 않는 '사업비'

사망 후 남은 가족들에게 보험금을 남겨줄 수 있고, 투자를 통해 보험금도 불릴 수 있으며, 연금으로 전환해서 죽기 전에 내가 쓸 수도 있는데 뭐가 문제냐고 생각할 수도 있습니다. 지난해 말 금감원에 접수된 불완전판매 관련 보험 민원 중 69.3%가 종신보험입니다. 그중 가장 높은 비율을 차지하는 민원은 "저축성 보험으로 설명을 듣고 가입했는데 저축성 보험이 아니다"라는 것이었습니다. 저축은 말 그대로 내가 낸 돈을 차곡차곡 모아서 돌려받아야 합니다. 설계사들이 설명하지 않는 종신보험의 함정은 '사업비'입니다.

일단 변액 종신보험의 경우 보험료가 투자된다는 상품의 성격상 수익률이 높을 수도 있고, 낮을 수도 있습니다. 기본적인 사항이죠. 가장 중요한 것은 납입 보험료에서 설계사들의 수수료 등을 포함한 사업비가 빠져나갑니다. 특히 종신보험 사업비는 최고 30%로 일반 연금저축보다 3배 많습니다. 설계사들의 수당과 운영비 등이 포함돼 있습니다.

　　만약 보험료에 2%대 이상의 높은 이율을 적용해준다는 말에 가입했다면 일반은행 저축의 경우 내가 낸 돈 전체에 은행이율이 적용되지만, 종신보험의 경우 보험료 중 사업비를 뺀 나머지 돈에서만 공시이율이 적용됩니다. 여기에 사망을 보장하는 보장성 보험인 만큼 추가로 위험 보험료도 제외됩니다.

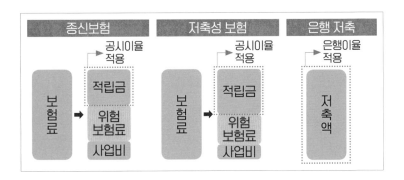

　　이해하기 쉽도록 금감원에서 제공한 상품 구조를 가져왔습니다. 종신보험의 보험료 구성은 적립금 + 위험 보험료 + 사업비로 구성되어 있습니다. 이 세 가지가 모두 더해져 매월 내는 보험료가 책정됩니다. 쉽게 예를 들어보겠습니다. 매월 10만 원을 변액 종신보험에 넣었다고 가정해보겠습니다. 10만 원을 그대로 펀드 등에 투자해 이율이 적용되는 게 아니고, 10만 원에서 위험 보험료와 사업비(30%라고 가정)를 뺀 나머지 7만 원에 대해서만 이율이 적용된다는 겁니다.

추후 이 돈을 연금 전환할 경우, 위험 보험료와 사업비가 다 빠지고 나면, 일반 연금 상품에 넣은 것보다 받을 돈은 훨씬 줄어들 수밖에 없습니다. 평균적으로 종신보험을 연금 전환할 때 받을 수 있는 총액은 일반 연금보험의 76%에 불과한 것으로 나타났습니다.

슬기로운 TIP

보통 종신보험은 사망한 뒤 남은 가족들을 위해 대비 차원에서 가입합니다. 그리고 상속할 재산이 많은 경우 추후 자녀들이 부담스러워할 수 있는 상속비 재원 마련을 위해 활용하기도 하죠. 이 경우를 제외하고, 생전에 부귀영화를 기대하며 저축 목적으로 가입하면 안 됩니다.

노후를 대비하고 싶다면 연금이라는 본연의 기능을 가진 상품들이 있습니다. 연금 역시 다양한 종류가 있으니 자신의 저축 성향에 맞게 선택해서 활용하면 됩니다. 저축성 보험으로 명확히 분류된 상품들도 있습니다. 이 역시도 사업비가 존재하지만 종신보험보다는 적고, 저축성 상품인 만큼 장기적으로 납입했을 때 비과세 혜택을 볼 수 있는 상품들이 있습니다.

저축이 아닌 보장 목적으로 종신보험을 가입하는 경우라면, 모든 금융상품에는 상품설명서가 있습니다. 하지만 봐도 잘 모르겠고, 서류도 너무 많아 대충 서명만 하는 분들이 대다수입니다. 보험만큼은 상품설명서를 꼭 확인할 필요가 있습니다. 특히 종신보험처럼 사업비가 빠지는 상품은 '공제금액 공시' 부분을 꼭 체크해야 합니다.

종신보험은 중도 해지하게 되면 원금을 못 찾습니다. 내가 낸 돈의 반의반도 못 가져갈 수 있습니다.

누구를 위한 보험인가?
실손보험 딜레마

"실비 있으시죠?"

병원에 가면 흔히 들을 수 있는 말입니다. 반대로 "실비 되죠?"
라고 환자가 묻기도 합니다. 최근 높은 손해율로 논란의 중심에
선 실손의료보험. 비싼 진료비 부담을 덜기 위해 민간 보험사들이
판매하는 보험인데, 왜 논란의 중심에 서게 된 것일까요?

1년에 병원만 800번 … 실손으로 약 처방받아 '되팔이'까지

흔히 실비라고도 불리는 실손의료보험은 의료비로 부담한 금
액을 보장하는 보험입니다. 최근 가장 많이 나오는 뉴스는 실손의
'높은 손해율'입니다. 손해율이 높다는 것은 가입자가 지급한 보
험료보다 보험사가 지급한 보험금이 많다는 의미입니다. 말 그대

로 적자라는 뜻이겠죠.

실손은 4,000만 명에 달하는 국민이 가입하고 있습니다. 사실상 대부분의 국민들이 가입한 셈입니다. 이 때문에 제2의 국민건강보험으로 불리기도 합니다. 수많은 사람들이 가입한 만큼 이들이 내는 보험료도 어마어마할 텐데, 대체 왜 적자가 나는 걸까요? 보험사들은 실손을 악용한 '의료 쇼핑'과 '과잉 진료'를 원인으로 꼽습니다.

의료 쇼핑은 실손에 가입한 사람이 이를 악용해 불필요한 의료비까지 모두 청구하는 것을 말합니다. 보험사를 통해 대표적인 사례들을 받아볼 수 있었는데요, 경미한 두통 등을 이유로 1년에 통원 치료를 800회 받은 사례가 있었습니다. 하루에 두 번 이상을 매일 방문한 셈이겠네요. 실손을 이용해 영양제 처방 등을 1년 내내 받은 사례였습니다.

또 하나 가장 충격적이었던 사례는 병원에서 약을 수십 개 처방받아 실손으로 비용을 청구하고, 그 약을 중고마켓에 다시 판매하는 경우도 있었습니다. 일부 실손에서 보장하는 처방약 항목들이 있는데, 이를 악용한 겁니다. 일명 의료 쇼핑으로 불리는 이런 비급여 과잉 청구가 손해율에 악영향을 줬다는 분석입니다.

200만 원이던 다초점렌즈 가격이 400만 원으로

과잉 진료도 큰 이슈가 되고 있습니다. 최근 일부 보험사들은 안과 병원을 공정거래위원회에 제소하기도 했습니다. 그 이유는 바로 '백내장 수술'입니다. 일부 안과 병원에 가면 노안 치료를 위한 '세트'가 있다고 합니다. 백내장 수술과 함께 시력 교정을 위한 다초점렌즈 삽입을 병행하는 건데요, 다초점렌즈 삽입은 최대 400만 원에 달하는 비싼 수술로 꼽힙니다.

일반적으로 백내장 수술 시에는 치료 목적으로 인공수정체 중 단초점렌즈가 사용된다고 합니다. 하지만 단초점렌즈는 다초점렌즈보다 비용이 저렴합니다. 단초점렌즈에 시력 교정 기능이 더해진 것이 다초점렌즈인데, 비싼 인공수정체인 만큼 필수적이지 않은 경우에도 이 렌즈를 삽입해 논란이 되고 있습니다.

'실비로 다초점렌즈 삽입까지 다 된다'는 소문이 퍼지자, 백내장 수술은 실손보험금 청구 1위 수술로 자리 잡았습니다. 2016년 백내장 수술 실손보험금은 779억 원 수준이었는데, 2020년에는 6,480억 원으로 훌쩍 뛰었고, 2021년 1조 원을 넘겼습니다.

사실 백내장 수술은 불과 몇 년 전만 해도 검사비 약 60만 원, 다초점렌즈는 200만 원 수준이었습니다. 하지만 국내에서 가장 많이 시행되는 수술인 만큼, 이에 대한 비용 부담을 줄여준다는 차원에서 정부가 백내장 수술 검사비를 급여화 했습니다. 건강보험으로 보장해준다는 의미입니다. 급여화된 항목은 진료수가가 지정됩니다. 병원 임의로 변동할 수가 없습니다.

이렇다 보니 일부 병원들이 백내장 수술 검사 비용을 2만 원으로 낮추고 건강보험으로 보장되지 않는 비급여 항목인 다초점렌즈 가격을 최대 400만 원까지 올립니다. 사실상 보험사 입장에서는 건강보험 보장을 강화한 비용 절감 효과가 하나도 없게 된 셈이죠. 과연 실손보험은 누구를 위한 보험일까요?

높은 손해율 탓 보험료 인상 … 결국 소비자 피해

위에서 언급한 과잉 진료와 의료 쇼핑이 실손보험을 적자상품으로 전락시킨 주요 원인으로 꼽힙니다. 대표적인 과잉 진료가 또하나 있죠. 바로 도수치료입니다. 몸이 뻐근하다는 이유로 도수치료나 추나요법 등을 실손보험으로 과도하게 받는 사람들도 적지않습니다. 이 때문에 보험사들이 가장 무서워하는 곳이 한의원이라는 우스갯소리도 있습니다.

하지만 취재하다 보니 보험사들의 볼멘소리에 반박하는 분들도 있었습니다. 애초에 병원 의료비를 모두 보장해준다고 보험을 팔아 놓고, 이제 와서 적자라며 판매를 중단한다는 등 남 탓을 하냐고 반문하는 분들도 있습니다. 사실 실손보험 본연의 목적에 맞게 질병이나 사고 등으로 인한 의료비를 정당하게 보장받는 분들이 더 많을 겁니다.

하지만 일부 발생하는 이런 과잉 진료나 의료 쇼핑의 공통점은 모두 '고가'라는 점입니다. 가격이 비싸니 최대한 보험의 힘을 빌리려고 하겠죠. 이로 인한 높은 손해율은 결국 보험료 인상으로 이어지고, 적자를 못 이겨낸 보험사들이 실손 판매를 중단하기도 합니다. 최근에는 실손 가입 문턱을 높이기도 했습니다.

놀라운 사실은 실손 전체 가입자 중 65%가 무사고자라는 것입니다. 결국은 일부 사람들 때문에 선량한 가입자들에게까지 피해가 돌아온다는 것이 문제입니다. 보험사들이 판매를 중단하고 가입 문턱을 높이면 신규 가입을 고려하고 있는 소비자들의 선택권이 줄어들겠죠. 과도한 진료나 실손보험 악용은 결국 고스란히 피해로 돌아오기 마련입니다. 앞으로 실손보험을 놓고 의료업계와 보험업계의 갈등도 더욱 심화될 전망인데요. 무엇보다 선량한 국민들에게 피해가 돌아오지 않도록 합리적인 방안이 도출되어야 할 것 같습니다.

"실손도 자동차보험처럼 병원에 많이 가는 사람은 더 내고, 병원에 안 가면 덜 낼 수 없나요?" 실손보험료 인상이 논란이 될 때마다 많은 분들이 민원을 제기한 부분입니다. 결국 정부가 이 민원을 받아들였죠. 최근 정부가 개편한 4세대 실손보험은 말 그대로 '쓴 만큼 내는' 보험입니다. 앞으로 실손보험에 가입하는 분들은 개편된 4세대 실손에만 가입할 수 있습니다. 이전보다 자기부담금을 높여 기본 보험료는 상당히 저렴합니다.

보험업계를 담당하다 보니 주변에서 "4세대로 갈아타야 해?"라고 질문하는 분들도 많습니다. 하지만 제가 항상 강조하는 부분이 있는데요. 보험은 함부로 갈아타는 것이 아닙니다. 다만 이미 실손이 있고, 병원 이용이 많지 않은 젊은 층의 경우 당장 내고 있는 보험료가 부담스럽다면 전환을 고려하셔도 좋습니다. 현재 판매되고 있는 4세대 실손은 이전 1~2세대 보험에 비해 기본 보험료가 훨씬 저렴하고, 추가로 비급여 진료가 없을 경우 보험료를 5%대로 깎아주기 때문입니다.

반대로 병원에 자주 간다면 보험료 역시 할증이 됩니다. 그렇다면 병원 이용량이 많은, 특히 비급여 이용이 많은 고령층이라면 4세대 실손이 오히려 더 불리합니다. 수많은 전문가들이 공통으로 이야기하는 부분이지만, 애초에 과도하게 불필요하게 설계된 보험을 제외하고는 함부로 해지하면 큰 손실을 볼 수 있습니다.

사채업자가 말도 안 되는 이자율로 협박한다면?

부족한 사업자금을 수시로 미등록 대부업자에게 빌렸던 A씨. 기존 차용 원금 700만 원을 모두 갚고도 이자에 지연이자 20%까지 요구한 대부업자. 이후 수시로 빚을 갚다 보니 오히려 1,000만 원 이상을 초과 지급한 상황인데 구제받을 길은 없을까?

코로나19 여파로 어려움을 겪는 소상공인들이 늘면서 고금리 대출이나 불법 채권추심 피해를 입는 사람들 역시 늘고 있습니다. 우리나라는 법정 최고금리라는 제도가 있어서 연 20%를 넘는 금리를 적용할 수 없습니다. 그러나 제도권 밖에서는 고금리 대출이 여전히 성행하고 있죠. 과도한 이자 계약을 체결했을 때, 구제받을 수 있는 방법은 없을까요? 고금리 피해자들을 위한 무료 지원 서비스를 알아보겠습니다.

채무자 대리인·소송 변호사 무료로 지원

정부는 지난 2020년부터 미등록 또는 등록 대부업자로부터 불법추심 피해가 있거나 법정 최고금리 초과 대출을 받은 피해자를 대상으로 '채무자대리인 무료 지원' 사업을 진행하고 있습니다.

당초 2014년부터 채권의 공정한 추심에 관한 법률에 따라 채무자대리인제도가 시행됐으나, 제도를 잘 모르거나 경제적 부담 등으로 이용하지 못하는 피해자들이 늘면서 정부가 무료로 이를 지원하게 된 겁니다.

피해자는 금융감독원 홈페이지나 불법사금융신고센터 또는 대한법률구조공단을 통해 신청할 수 있습니다. 신청 후에는 법률구조공단 소속 변호사가 불법추심 피해 또는 피해 우려자의 채무자대리인으로 선정되고, 최고금리 위반에 대한 부당이득청구소송, 불법추심에 대한 손해배상청구 등 소송대리인으로서 피해구제를 무료로 지원합니다.

피해 98%가 미등록 대부업자의 고금리 대출

금감원에 따르면 지난해 기준 채무자대리인 선임 지원을 신청한 사람은 약 1,200명입니다. 채무 건수 기준으로는 5,611건입니다. 신청자와 채무 건수 모두 전년에 비해 무려 89.9%, 292.7%나 증가했습니다.

신청자 중 2건 이상의 채무를 보유한 다중채무자는 549명으로 전년보다 비중이 14.4%p 늘었습니다. 코로나19 이후 경기 불황이 장기화되면서 어려움을 겪는 사람들이 많이 늘어난 것으로 분석됩니다.

특히 6건 이상 다중채무자는 242명이나 됐고, 최대 93건의 채무를 보유한 사례도 있어 안타까움을 자아냅니다. 특히 이들 중 97.7%가 미등록 대부업자로부터 대출을 받은 사람들이었습니다.

신청자는 주로 30대가 많았는데, 그 비중 역시 늘고 있는 추세입니다. 최근에는 모바일 등 신청 수단이 확대된 영향으로 20대의 신청 비중도 증가했습니다. 이들은 대부분 법정 최고금리를 넘는 높은 금리의 대출 피해와 불법채권추심에 대해 정부의 지원을 신청한 것으로 나타났습니다.

대출 계약 위법성 궁금하다면? 법률 상담 제공

그렇다면 정부의 무료 지원사업 신청을 통해 구체적으로 어떤 것들을 지원받을 수 있을까요? 먼저 채무자가 불법추심에 시달리지 않도록 법률구조공단 변호사가 채무자를 대신해 채권자에 의한 추심 행위에 대응하게 됩니다. 채권자는 채무자를 방문하거나 전화, 문자 등 직접적인 연락이 금지됩니다.

또한 최고금리 초과 대출이나 불법추심 등으로 입은 피해에 대한 반환청구, 손해배상, 채무부존재확인소송, 개인회생과 파산 등을 대리합니다. 만약 대출 계약이나 추심에 대한 위법성, 소송절차 안내 등과 관련해 상담을 받고 싶다면 관련 법률 상담도 가능합니다.

기본적으로 채권 추심자가 신분을 밝히지 않고 돈을 요구하는 것, 무효이거나 존재하지 않는 채권을 추심하는 것, 반복적으로 전화 또는 주거지를 방문하는 것, 특히 저녁 9시에서 오전 8시 사이의 전화 또는 방문은 모두 '불법추심'에 해당합니다.

또한 가족관계인 등 제3자에게 채무 사실을 고지하거나 채무 변제를 요구하는 행위, 협박과 공포심, 불안감을 유발하는 추심과 개인회생 및 파산 진행자에게 추심하는 것, 금전을 빌려 변제자금을 마련하도록 강요하는 행위 모두 불법추심입니다.

슬기로운 TIP

상황이 절박해지면 지푸라기라도 잡게 됩니다. 그렇지만 불법사금융의 늪에 한 번 빠지면 헤어나오기가 쉽지 않습니다. 소비자들이 유의해야 하는 사항을 알려드립니다.

먼저 저신용자의 경우에는 이용 가능한 정책서민금융상품이 있는지 여부를 먼저 확인하는 것이 좋습니다. 금융소비자 정보 포털인 '파인' 내 서민·중소기업 메뉴에서 확인이 가능합니다. 대출 상담을 할 때는 대출업체가 제도권 금융회사 또는 등록 대부업자인지 여부도 확인해야 합니다.

대부 계약서를 작성할 때는 법정 최고금리를 초과하는지의 여부를 반드시 확인해야 하고, 만약 선이자 등의 명목으로 금액 일부를 공제한다면 해당 금액은 원금에서 차감해 이자율을 계산해야 합니다. 중개수수료나 공증료 등 명칭을 불문하고 대출과 관련해 대부자가 받은 돈은 모두 이자로 간주됩니다.

만약 불법추심 우려가 있다면 입출금 자료 등 거래내역을 확보하고 통화나 문자 기록, 녹취 등 증빙자료를 확보하고 불법사금융신고센터나 대한법률구조공단에 지원 신청을 할 수 있습니다.

헬스장 할부 결제했는데, 문을 닫았다

사회적 거리두기도 풀리고 슬슬 다시 운동을 시작하기 위해 헬스장을 찾은 A씨. 100만 원이 넘는 이용료가 부담됐지만 새롭게 시작해보자는 마음에 신용카드로 할부 결제를 했다. 그런데 얼마 지나지 않아 불이 꺼진 헬스장…. 헬스장이 갑자기 폐업했다면?

코로나19 이후 필라테스나 헬스장 등 피트니스 시설을 찾는 사람들이 늘면서 환불 관련 분쟁도 늘고 있습니다. 특히 100만 원을 훌쩍 넘는 고가의 비용이 드는 만큼 폐업 등으로 인한 소비자 피해 규모는 적지 않습니다. '봉'이 되지 않으려면 꼭 알고 있어야 할 소비자의 권리, '할부항변권'에 대해 살펴보겠습니다.

피트니스 시설은 '할부'로 결제

주변에 A씨와 같은 피해를 입은 사람들이 상당히 많습니다. 1년 또는 6개월간의 이용료를 미리 결제하는 피트니스 시설의 특성상 중도에 시설이 폐업이라도 하게 되면 고객 입장에서 남은 이용료는 사실상 날리게 됩니다.

이럴 때를 대비해 장기간 이용을 목적으로 하는 결제는 꼭 '카드 할부'를 추천합니다. 카드 소비자들이 누릴 수 있는 권리 중 하나인 '할부항변권' 때문입니다.

할부항변권은 할부거래업자가 재화나 용역을 제공하지 않는 문제가 발생하면 잔여 할부금의 지급을 거절할 수 있는 권리입니다. 신용카드사를 거치는 할부거래의 경우 카드사에 '항변권을 행사하겠다'는 의사를 서면 등으로 통지하면 남은 할부금을 내지 않아도 됩니다. 카드사에 해당 상품 구매일과 가맹점명, 카드번호와 전화번호, 항변권을 행사하는 이유 등을 담은 문서를 보내면 됩니다.

장기간 이용을 목적으로 선결제하는 피트니스 시설의 경우가 대표적인 사례입니다. 예를 들어 240만 원을 12개월간 납부하는 할부거래를 했을 경우 매달 20만 원씩 할부금을 납입하다가 4회차에 폐업 등을 이유로 항변권을 행사한다면, 나머지 180만 원은 카드값에서 더 이상 빠져나가지 않는 방식입니다.

거래금액 20만 원 이상, 할부 3개월 이상만 행사 가능

그렇다면 모든 할부거래에 대해 할부항변권을 행사할 수 있을까요? 아닙니다. 소비자의 중요한 권리이기도 하지만 조건도 있습니다.

　신용카드 할부거래 시 항변권은 거래금액 20만 원 이상, 할부 기간이 3개월 이상인 거래에 대해 행사할 수 있습니다. 또한 상행 위를 목적으로 하는 거래나 할부금을 이미 완납한 거래 등은 할부 항변권 적용 대상에서 제외되기 때문에 주의해야 합니다.

　예를 들어 필라테스 학원비 18만 원을 3개월 할부로 결제한 경우 거래금액이 20만 원 미만이기 때문에 할부항변권 해당 대상 이 되지 않습니다.

　할부항변권을 악용한 신용카드 할부 결제 유사 수신 사기도 주의해야 합니다. 최근 물품이나 회원권 등을 결제하면(투자금 납 입) 고율의 수익(수당, 수수료 등)을 지급한다며 소비자를 유인해서 자금을 조달한 후 잠적하거나 폐업하는 사례가 늘고 있습니다.

　사기범은 투자금을 할부 결제하면 항변권을 행사해 손실을 방 지할 수 있다고 소비자를 안심시키지만, 실제로 영리 목적 거래인 경우(상행위) 항변권 행사가 제한되는 만큼 고스란히 소비자 피해 로 이어질 수 있습니다.

　사업홍보를 목적으로 광고대행사와 할부계약을 체결했는데 광고대행사가 계약을 약속대로 이행하지 않는 경우도 상행위 목 적에 해당되며, 투자금 목적으로 매달 투자수익을 받기로 약속한 할부 결제는 모두 항변권 제외 대상입니다.

피트니스 시설에서 소비자의 단순 변심 사유로 중도에 취소할 수는 없을까요? 가능합니다. 폐업 등 시설의 책임이 아니라 소비자의 단순 변심이어도 중도에 취소하고 남은 금액을 돌려받을 수 있습니다. 계약서에 환불 불가 규정이 있는 경우, 그 자체가 소비자에게 불공정한 약관으로 무효입니다. 다만 돌려받을 수 있는 금액은 공정거래위원회의 표준약관에 따라 이용 일수에 해당하는 금액과 위약금 10%를 공제한 금액을 받을 수 있습니다.

위약금은 총계약대금의 10%를 넘을 수 없습니다. 만약 시설에서 카드수수료 부담을 소비자에게 떠넘기는 경우도 역시 「여신전문금융업법」 위반으로, 카드수수료를 내지 않아도 됩니다.

치과 진료 후에 치아보험 가입할 수 있을까?

치아 통증이 느껴져 수년 만에 치과를 찾은 A씨. 생각보다 충치가 많아 크라운 치료 등 200만 원이 넘는 치료비 견적이 나온 상황. A씨는 뒤늦게 '치아보험'이 떠올라 보험 가입을 서두르기로 하는데…. A씨는 과연 치아보험에 가입할 수 있을까?

실손의료보험만큼이나 필수보험으로 꼽히는 금융상품 중 하나는 바로 치아보험입니다. 아무리 치아를 깨끗이 잘 관리한다고 해도 치과 진료는 피할 수 없는 숙명이기 때문입니다. 게다가 고가의 치료비를 내는 것도 부담인 치과 진료. 이를 대비한 다양한 치아보험 상품들이 판매되고 있는데, 치아보험에 가입할 때 주의할 점은 어떤 것들이 있는지 알아보겠습니다.

손해율 높은 치아보험 ··· 치료받고 바로 해지

국민건강보험공단에 따르면 치아 1개당 치료비는 평균 57만 원에 육박합니다. 가뜩이나 치료할 때 통증도 상당한데 치료비까지 비싸다 보니 가장 가고 싶지 않은 곳으로 '치과'가 꼽힐 수밖에 없습니다.

전 국민의 3분의 2가 가입한 실손의료보험은 치과 관련 치료비를 보장하지 않습니다. 그렇기 때문에 치과 진료비를 보장받으려면 치아보험이라는 상품에 따로 가입해야 합니다.

그런데 이 치아보험은 손해율이 굉장히 높은 상품으로 꼽힙니다. 손해율이 높다는 것은 보험사가 가입자로부터 받은 보험료보다 보험금으로 나간 돈이 더 많다는 의미입니다.

치아 치료비가 상당히 고가인 데다, 치료 전 치아보험에 가입 후 보장만 받은 뒤 보험을 즉시 해지하는 가입자들도 상당하기 때문입니다. 특히 치과 질환은 다른 질병에 비해 어느 정도 발생 여부에 대한 예상이 가능하기 때문에 당장 필요에 의해 가입하는 경우가 많습니다. 업계에서는 모럴 해저드(도덕적 해이)가 가장 심한 상품으로 치아보험을 꼽기도 합니다.

필수 체크 항목은 '면책기간과 감액기간'

보험사 입장에선 예상되는 손해를 그대로 둘 순 없겠죠. 그래서 일부 보험사들은 치아보험 판매를 중단하기도 했습니다. 하지만 치아보험은 일반 건강보험에 비해 상대적으로 보험료가 저렴한 데다 여전히 수요층이 많아 손해를 감수하면서도 '가입자 유치' 차원에서 판매를 이어가는 곳도 많습니다.

하지만 무조건 퍼주는 식으로 판매하진 않습니다. 모럴 해저드 리스크를 낮추기 위해 치아보험에는 여러 깐깐한 조건들이 붙습니다. 치아보험 가입 시 체크해야 할 첫 번째 사항은 바로 '면책기간'과 '감액기간'입니다.

치아보험은 진단형과 비진단형으로 나뉘는데, 진단형은 말 그대로 보험사에서 치아 상태를 확인한 뒤 가입되는 보험입니다. 비진단형은 치료 이력 고지 등만으로도 가입이 가능합니다.

하지만 치아보험에 가입한 후 당장 치과로 가서 진료를 시작하는 것은 불가능합니다. 치아보험은 보장받을 수 없는 면책기간이 있고, 또 치료시점에 따른 감액기간이 있습니다.

보험사별 상품마다 차이가 있지만 대부분 보험에 가입 후 6개월간은 면책기간으로, 보험 보장을 받을 수 없게 설계되어 있습니다. 임플란트 등 고가의 치료비는 약 1년 후에 보장한다거나 이전에 치료를 받는 경우에는 치료비의 50%만 보장하는 감액 조건이 있습니다.

치료별 보장 한도가 다르기 때문에 이 부분도 꼭 체크해야 합니다. 특히 일부 치아보험은 연간 보장 개수 한도가 설정되어 있습니다. 최대한 손해보지 않겠다는 마음으로 보험료가 가장 싼 치아보험에 가입했다가 결국 보장 개수 한도 제한으로 원하는 보장을 제대로 받지 못하는 사례도 많습니다.

1년 내 진료받은 적 있으면, 가입 거절

위 A씨의 사례처럼 이미 치과에서 충치 진단을 받은 뒤 치아보험에 가입할 수 있을까요? 치아보험은 기본적으로 지난 5년 동안 치아우식증이나 치주질환으로 치료받은 경우 보장하지 않거나 가입을 아예 거절합니다.

최근 간편 심사 형태로 출시된 치아보험의 경우 상대적으로 조건이 덜 까다로운 경우도 있는데, 이런 경우에도 최근 1년간 치과 진료를 받은 이력이 있는지, 틀니를 착용하고 있는지 여부가 필수 고지 대상입니다.

다만 치료 경력이 있는데도 불구하고 미래를 위해 꼭 치아보험에 가입해야겠다는 분들은 '특정 치아 부담보' 특별 약관을 활용할 수도 있습니다. 이미 치료를 받은 특정 치아를 제외한 나머지 치아에 대해서만 보장받는 가입 형태입니다.

슬기로운 TIP

치아보험과 관련해 정말 많은 분들이 궁금해하는 부분입니다. 치아교정도 치아보험으로 가능한가요? 치아교정은 많게는 수천만 원이 드는 고비용 치료에 해당하죠. 안타깝게도 치아교정은 '치료 목적'이 아닌 '미용 목적'에 해당된다고 보고, 치아보험에서 보장하지 않습니다.

다만 최근에는 치아보험에 얼굴 부위별 특화 보장을 신설한 상품도 등장하고 있습니다. 치아뿐만 아니라 턱관절 장애 등 폭넓게 보장받고 싶다면 얼굴까지도 특화 보장된 상품을 고려해볼 수 있습니다.

치과 진료가 불가피한 고령자도 가입할 수 있습니다. 최근에는 고령자, 유병자를 대상으로 한 치아보험도 등장한 만큼 가입이 가능합니다. 다만 고령자나 유병자를 대상으로 한 치아보험은 일반 보험보다 보험료가 비쌀 수밖에 없다는 점을 숙지해야 합니다.

'여기서' 차 사고 내면
운전자 과실 100%

아파트 단지 내로 들어와 주차장으로 향하던 운전자 A씨. 단지 내 도로에서 갑자기 어린이 한 명이 불쑥 나타나 차량과 부딪혔다. 아파트 단지 내에서의 차 사고는 과실 비율이 어떻게 산정될까?

「도로교통법」이 일부 개정되면서 앞으로는 '보행자의 보호' 의무가 더 강화됩니다. 특히 중앙선이 없는 보도·차도 미분리 도로나 도로 외의 곳, 보행자우선도로 등에서는 차량과 보행자의 과실 비율이 '100:0'으로 기본 산정됩니다. 운전자 입장에서 어떤 상황에 주의를 더 기울여야 하는지 살펴보겠습니다.

아파트 단지 내에서는 무조건 서행
손해보험협회는 개정된 「도로교통법」 내용을 반영한 '자동차 사고 과실 비율 인정기준'을 개정해 발표했습니다. 일부 장소에서 차량과 보행자의 기본 과실 비율이 '100:0'으로 조정된 것이 골자입니다. 그렇다면 차량의 과실이 100으로 기본 산정되는 장소에는 어떤 곳이 있을까요?

이번 과실 비율 인정기준 중 도로 외의 곳으로 지정된 장소는 아파트단지와 산업단지, 군부대 내 구내 도로 또는 주차장입니다. 특히 아파트단지는 많은 차량이 다니는 곳 중 하나인데, 그만큼 어린이와 노약자 등 다양한 연령층의 보행자도 많은 곳으로 꼽힙니다.

아파트단지 내에 있는 도로인 만큼 횡단보도가 없는 경우도 차량이 다닐 수 있는 길목 자체가 좁은 곳도 많습니다. 다만 이번 개정안의 기본 원칙은 '보행자 보호'입니다. 기본적으로 차량과 보행자가 함께 다닐 수 있는 곳에서는 무조건 보행자 보호를 위해 운전자는 서행해야 한다는 것이 기본 원칙입니다.

중앙선 없는 도로·보행자우선도로 사고도 차량 일방과실

보행자가 아파트단지 내에서 횡단 중 직진 차량과 부딪혔을 경우, 기존에는 보행자의 부주의도 기본과실로 반영해 차량과 보행자의 과실 비율이 90:10이었으나 개정 후에는 100:0으로 바뀝니다. 운전자의 서행 의무에 더 중점을 둔 것입니다.

이 같은 사고는 차량이 후진하다 보행자와 부딪혔을 때에도 똑같이 적용됩니다. 아파트단지 외에 중앙선이 없는 보도·차도 미분리 도로에서도 100:0 과실 비율이 적용됩니다. 간혹 노란색 중앙선이 없는 좁은 골목에 차량과 보행자가 함께 통행하는 경우가 있는데 이 경우에도 차량은 무조건 주의를 기울이고 서행해야 한다는 의미입니다.

이번에 신설된 조항도 있습니다. 「도로교통법」 제27조 제6항에 따라 보행자우선도로에서 보행자의 옆을 지나는 경우 운전자는 보행자와 거리를 두고 진행해야 하고, 보행자가 안전하게 통행할 수 있도록 서행이나 일시 정지를 해 보행자를 보호할 의무가 있다고 규정했습니다. 이에 따라 보행자우선도로에서 발생하는 사고도 차량의 일방과실로 기본 적용됩니다.

보행자의 급진·야간 시에는 보행자 과실도 일부 인정

그렇다면 운전자 보호 의무는 없을까요? 차량 일방과실로 적용되는 장소와 사례가 늘면서 일부 운전자들의 불만이 늘어날 수밖에 없는데요. 기본 인정 비율은 100:0이지만 상황에 따라 일부 비율이 조정되는 요소들이 있습니다.

먼저 보행자의 급진입니다. 위에서 언급한 사례처럼 아파트단지 내라고 해도 보행자가 갑작스럽게 뛰어들어 사고가 발생한 경우 보행자의 과실이 5% 적용됩니다. 야간이나 기타 시야 장애로 특수한 상황인 경우 보행자 역시 주의를 기울여야 하는 의무가 발생하는 만큼 보행자의 과실도 10% 추가되고, 기타 보행자의 중대한 과실 여부에 따라 이 비율은 더 늘어날 수 있습니다.

후진 시에도 마찬가지입니다. 아파트단지 내라고 해도 야간이나 기타 시야 장애가 있는 경우, 운전자가 경음기를 울린 경우에도 보행자의 부주의 문제가 있다고 판단, 보행자의 과실이 조금 더 늘어납니다.

차량 사고에 대한 과실 비율은 분쟁이 가장 많이 발생하는 사안이기 때문에 블랙박스나 CCTV 등을 통한 현장 확인에 따라 세부 비율은 조정될 수 있습니다. 다만 기타 특별한 상황에서도 운전자가 100% 불리할 수밖에 없는 상황들이 있으니 주의가 필요합니다.

과실 비율 인정기준에 따르면 보행자가 어린이나 노인, 장애인인 경우와 주택과 상점가 학교 인근에서 발생한 사고에 대해서는 원칙적으로 운전자의 과실이 더 크게 인정됩니다. 특히 스쿨존 등 어린이 보호구역에서의 사고는 운전자의 과실이 많이 늘어나기 때문에 해당 구역에서는 서행을 의무화하는 게 원칙입니다.

예외도 있습니다. 좁은 골목에서 보행자가 고의로 차량 진행을 방해한다거나 고의로 사고를 유도하는 경우, 고의성이 확인됐을 때는 보험사기로까지 이어질 수 있습니다. 특히 움직이는 차량에 고의로 손목을 부딪치는 일명 '손목치기'에 대한 보험사기 우려도 커지고 있는데, 보험사기로 판명된 사고는 원칙적으로 보상 대상이 아닙니다.

자동차사고 과실 비율과 관련한 자세한 사례는 과실비율정보포털(accident.knia.or.kr)에서도 확인할 수 있습니다.

너무 비싸? 그럼 갈아타!

당장 급전이 필요해서 비싼 이자 내며 일단 돈은 빌렸는데…. 더 싸게 대출해주는 곳이 있었다?

대환대출, 그야말로 금융권의 '핫 키워드'입니다. 대환대출은 정확히 말하면 금융기관에서 대출받은 뒤 이전의 대출금을 갚는 제도를 의미합니다. 금융소비자들은 이를 '대출 갈아타기'라고 부르기도 합니다. 금리 인상기가 도래하면서 조금이라도 이자를 깎으려는 사람들이 늘고, 이런 수요에 맞춰 대출상품을 비교해주는 서비스들 역시 늘고 있습니다. 한 푼이라도 아낄 수 있는 방법, 대환대출에 대해 알아보겠습니다.

대출금리 연 12%p까지 낮췄다

최근 핀테크사를 비롯해 저축은행까지 대출 갈아타기를 지원하는 비교 서비스를 운영 중입니다. 앱을 통해 여러 금융사의 대출금리를 비교하고, 자신의 신용도에 따라 대출이 가능한 곳으로 갈아탈 수 있는 서비스입니다. 그렇다면 주로 어떤 사람들이 이 서비스를 이용할까요?

현재 마이데이터를 통해 맞춤대출서비스를 운영하는 웰컴저축은행이 서비스 실적을 공개했습니다. 지난 3개월간 이 서비스를 이용한 대출자 중 72.58%는 실제 금리인하가 이뤄진 것으로 나타났습니다. 이들의 금리는 평균 연 2.07%p가 인하됐고, 가장 효과가 좋았던 사람은 연 12.01%p까지도 금리를 낮춘 것으로 나타났습니다.

해당 서비스를 이용한 사람들은 대부분 중·저신용자들이었습니다. 이용자의 65%가 신용점수 530~830점대였고, 평균 신용점수는 739점이었습니다. 아무래도 고신용자보다는 중·저신용자들의 대출금리가 더 높은 만큼 금리 민감도가 더 높은 것으로 분석됩니다.

정책금융상품으로도 대환 가능

대환대출은 정부의 취약 차주 지원책에도 포함돼 있습니다. 첫 번째는 높은 금리를 부담하고 있는 저신용·저소득층이 이용할 수 있는 저금리 정책금융상품입니다. 여기에는 새희망홀씨, 햇살론 등이 있고 저소득 청년과 대학생에게 1,200만 원까지 대출해주는 햇살론유스도 있습니다. 만일 신청 조건을 충족한다면, 카드론 등 고금리 대출을 이용 중인 취약 차주는 해당 상품으로 갈아 탈 수 있습니다.

정부가 민생경제 안정 대책으로 내놓은 방안 중에는 소상공인을 위한 대환대출도 포함되어 있습니다. 연 7%가 넘는 대출을 고금리로 보고 저금리 대출로 전환하는 사업에 8조 7,000억 원을 들이기로 했습니다. 아직 구체적인 가이드라인은 나오지 않았지만, 카드론이나 저축은행 대출 등 비은행권 대출을 받아 성실히 상환 중인 저신용 소상공인 등 취약 차주는 저금리로 대환대출이 가능해질 것으로 보입니다.

전 금융사 대출금리 비교 가능해질까?

이처럼 금융사 간 금리가 모두 공개되고 비교가 가능해짐에 따라 금융사 간 대출금리 경쟁까지 자연스레 이뤄지고 있습니다. 경제 원리에 따라 자연스러운 시장경쟁은 가격을 낮추는 효과를 끌어내기도 하죠.

특히 최근 기준금리가 잇따라 오르고 있는 만큼 정부 차원의 대환대출 플랫폼 구축 논의도 이어지고 있습니다. 현재 웰컴을 비롯해 카카오페이나 핀다 등 대출 비교 플랫폼은 이미 활성화되어 있지만, 여기에 참여 금융사를 더 확대하고 기존 대출 상환 후 신규를 실행하는 번거로움 없이 간편하게 대출을 옮길 수 있는 서비스를 제공하겠다는 것이 골자입니다.

하지만 이 플랫폼 자체를 핀테크 업체가 만드는 구조다 보니 기존 금융사들의 반발로 플랫폼 구축에 시일이 걸리고 있습니다. 제조와 판매의 분리 현상과 함께 플랫폼 업체들이 판매 통로로 끼면 추가적인 수수료 부담이 생긴다는 지적도 제기됩니다. 제2금융권 역시 인터넷은행까지 금리 비교가 가능해지면 우량한 중신용자 고객이 이탈할 수 있다는 점도 우려하고 있는 것으로 전해집니다. 자체 금융사들이 제공하는 금융 앱의 활용도가 떨어질 수 있다는 것도 기존 금융사들의 반대 이유입니다.

하지만 금리 인상이 빨라지면서 대출자들의 부담 역시 계속해서 높아지고 있는 만큼 금융소비자의 선택권을 확대하는 것은 상당히 중요한 문제로 부각되고 있습니다. 금융당국은 플랫폼 구축을 위한 논의를 다시 이어가겠다는 방침인데 정말 공정한 자율 경쟁의 장이 마련될 수 있을지 지켜봐야겠습니다.

슬기로운 TIP

① 정책금융상품 외에도 개별 금융회사별로 채무조정 지원제도가 있다는 것을 알고 계신가요? 만약 대환조차 쉽지 않을 정도로 채무상환에 어려움이 생겼다면 개별 금융회사의 지원제도를 통해 만기 연장이나 상환유예, 대환 등의 지원을 받을 수 있습니다.

- 신용대출 119: 은행이 자체적으로 선발한 만기도래 2개월 내 연체 우려 차주(신용평점 하락, 다중채무 등)에 대한 만기 연장, 대환 등 지원

- 개인사업자대출 119: 만기 시점에 채무상환이 어렵거나 연체 중(3개월 이내)인 개인사업자 차주에게 만기 연장, 이자 감면 등을 지원

- 원금 상환 유예제도: 실직이나 폐업 등 재무적 곤란이 발생한 차주가 신청 대상이며 1년 이상 경과된 모든 가계대출(신용대

출 1억 원, 주택담보대출 6억 원 이하)에 대해 적용

② 만약 저금리 대출 갈아타기를 희망하는 과정에서 금융사가 대출 취급 조건으로 다른 상품 가입을 강요한다면 소비자는 「금융소비자보호법」 위반을 이유로 가입을 거절할 수 있습니다. 금융사의 강요로 보험이나 펀드 등을 가입한 경우에는 추후 손해 발생 시 손해배상청구를 행사할 수도 있습니다.

③ 대환대출이 활성화되고 있는 만큼 이를 미끼로 한 보이스피싱 사기도 기승을 부리고 있습니다. '저금리 특별대출 승인 안내', '정부 긴급자금 대출 지원 대상' 등 저금리로 대출해준다는 광고는 사기로 이어질 가능성이 높기 때문에 각별한 주의가 필요합니다. 매번 강조해도 지나치지 않는 것, 금융사를 사칭하는 전화나 URL은 받지도, 클릭하지도 말아야 합니다.

'이것' 공개되자 분주해진 은행권

"제발, 1등만 피하자!"

최근 금융권은 '이것' 때문에 굉장히 시끌시끌했습니다. 은행들이 얼마나 이자 장사를 잘(?)했는지 나타내는 '예대금리차'가 공개됐기 때문입니다. 예대금리차 첫 공시가 시작되자 은행들은 너도나도 예금금리를 높이고 대출금리를 낮추는 등 '1등'을 피하기 위한 치열한 사투를 벌이기 시작합니다. 예대금리차 공개가 금융권에 미친 영향에 대해 다뤄보겠습니다.

대출금리 – 예금금리 = 예대금리차

은행권에서 말하는 예대금리차는 무엇일까요? 예대금리차란 예금과 대출의 금리차로, 대출금리에서 예금금리를 뺀 것입니다.

예대마진이라고도 하는데 은행이 고객으로부터 받는 수취이자에서 은행에게 지급되는 지급이자를 뺀 것으로 은행의 수익을 결정하는 원천이 됩니다.

그렇다면 예대금리차를 왜 공개하도록 했을까요? 일반적으로 은행은 예금금리는 '찔끔' 올리면서 대출금리는 가파르게 올린다는 비판을 받아왔습니다. 예대금리차가 은행의 수익을 결정하는 원천이 되는 만큼 이 차이가 커야 은행들이 돈을 더 많이 벌 수 있기 때문입니다. 하지만 소비자 입장에서 생각하면 예금금리가 더 높고 대출금리가 낮아야 더 유리할 수 있겠죠. 소비자들의 선택권을 높일 수 있도록 예대금리차를 투명하게 공개해 자연스럽게 은행들의 경쟁을 유도한다는 겁니다. 금융당국이 사실상 은행들의 '이자 장사'에 제동을 건 셈입니다.

이에 따라 금융위원회는 금리 정보 공시제도 개선 방안을 통해 은행들의 예대금리차를 월별로 확인할 수 있도록 했습니다. 은행연합회 홈페이지에서 쉽게 확인이 가능합니다. 예대금리차는 대출 평균 기준과 가계대출 기준이 모두 공시되며, 특히 신용점수 구간별로도 공시해 소비자들이 금리를 보다 쉽게 파악할 수 있도록 했습니다.

수치 공개되자 분주하게 움직이는 은행들

이 같은 정책에 따라 실제 지난해 7월부터 은행의 예대금리차 공시가 시작됐습니다. 은행연합회에 따르면 KB국민·신한·하나·우리·NH농협 등 5대 시중은행의 2022년 7월 말 기준 대출 평균 예대금리차는 1.21%, 인터넷은행은 3.48%로 나타났습니다. 가계

대출의 예대금리차는 5대 은행의 경우 1.37%, 인터넷은행 3.46%였습니다.

개별 은행의 예대금리차 역시 공시됐는데, 이 차이가 클수록 은행들이 서민들을 대상으로 '이자 장사'를 많이 했다는 비판을 받기도 했습니다. 이것이 은행들이 '1등'을 피하려 했던 이유입니다. 다만 상대적으로 예대금리차가 컸던 인터넷은행이나 지방은행 등 일부 은행들은 "상대적으로 중저신용자 대출 비중이 높은 경우 평균 대출금리가 다른 은행보다 높을 수밖에 없다"고 해명하기도 했습니다.

이처럼 은행별 세부적인 예대금리차가 공개되자 금리인상기 대출금리가 인하되는 이례적인 현상이 나타나기 시작합니다. 소비자들에게 '이자 장사하는 은행'으로 낙인찍히는 것을 피하기 위해서입니다. 실제 예대금리차 공시 이후 은행들은 예금금리를 잇따라 올리고, 대출금리는 내리는 움직임을 이어가고 있습니다. 앞으로도 신규 대출 취급에 따른 공시가 이어질 예정인 만큼, 신경을 쓸 수밖에 없게 된 것입니다.

'소비자 알권리인가, 금융사 줄 세우기인가?'

예대금리차 공개에 이어 금융당국은 금융사의 '금리인하 요구권 수용률'까지 주기적으로 공시하도록 했습니다. 대출받은 차주의 연봉이 오르는 등 신용점수에 영향을 줄 수 있는 요인들이 생겼을 때, 대출금리 인하를 요구할 수 있는 권리입니다. 어떤 금융사가 가장 금리인하를 해주지 않았는지 확인할 수 있는 지표가 생긴 셈입니다.

소비자들은 은행들의 금리 운용 현황을 보다 쉽게 확인할 수 있어 선택권이 높아졌다고 평가합니다. 특히 경쟁을 통해 은행들이 잇따라 대출금리를 인하하는 '순기능'으로 이어졌다고 평가하는 분위기입니다. 하지만 금융사들의 입장은 다릅니다. 일명 '줄세우기'가 부담스럽다는 입장입니다. 자체 조달 비용에 따라 운용 방식이 조금씩 다른 만큼 예대금리차를 일률적으로 정렬하는 데는 무리가 있다는 의견도 나옵니다.

당국은 예대금리차 공시를 은행에서 저축은행 등 2금융권까지 확대하는 방안을 검토 중인 것으로 전해졌는데, 저축은행업계에는 벌써 전운이 감돕니다. 은행과 달리 지방에 소재한 중소형 저축은행들도 상당한 만큼 예대금리차가 공개되면 대형사로의 쏠림이 더욱 심화될 수밖에 없다는 주장입니다. 소비자의 알권리와 금융사들의 수익성 사이에 놓인 공시제도가 금융권에 어떤 변화를 가져다줄지 지켜봐야 할 것 같습니다.

슬기로운 TIP

연일 뉴스에서 보도되는 금융사들의 금리 이야기. 하지만 실제 소비자들에겐 먼 나라 이야기일 수 있습니다. 평균 대출금리와 실제 적용되는 금리 간 괴리도 상당하기 때문입니다. 가장 정확한 방법은 은행 창구에 방문한 뒤 내 신용점수를 바탕으로 금리를 확인하거나 앱을 통해 이용 가능한 대출상품의 금리를 확인하는 것입니다.

은행 방문 전보다 명확한 평균 금리를 확인하고 싶다면 협회의 홈페이지를 활용하면 됩니다. 각 금융협회는 홈페이지 공시란을 통해 소비자들에게 금리 관련 정보를 안내하고 있습니다. 예적금금리는 물론 대출금리와 수수료 정보 등 최근까지 소비자들이 적용받은 금리들을 확인할 수 있습니다.

위에서 언급한 예대금리차의 경우에도 은행연합회 홈페이지에 접속, 금리·수수료 비교공시 페이지에 방문해 원하는 은행을 조회하면 대출금리와 기업 대출금리, 가계 대출금리와 저축성 수신금리를 월별로 각각 체크할 수 있습니다. 일반적으로 지난 달 적용된 금리를 금융사별로 취합해서 공시하는 만큼 기준 월은 현재와 1~2개월 차이가 날 수 있습니다.

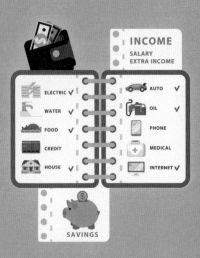

부동산/재테크/창업

롱텀 부동산 투자
58가지

장인석 지음 | 17,500원
348쪽 | 152×224mm

이 책은 현재의 내 자금 규모로, 어떤 위치의 부동산을 언제 살 것인가에 대한 탁월한 분석을 펼쳐 보여 준다. 월세 탈출, 전세 탈출, 무주택자 탈출을 꿈꾸는, 건물주가 되고 싶고, 꼬박꼬박 월세 받으며 여유로운 노후를 보내고 싶은 사람들을 위한 확실한 부동산 투자 지침서가 되기에 충분하다. 이 책은 실질금리 마이너스 시대를 사는 부동산 실수요자, 투자자 모두에게 현실적인 투자 원칙을 수립할 수 있도록 해줄 뿐 아니라 실제 구매와 투자에 있어서도 참고할 정보가 많다.

나의 꿈,
꼬마빌딩 건물주 되기

나창근 지음 | 15,000원
302쪽 | 152×224mm

'조물주 위에 건물주'라는 유행어가 있듯이 건물주는 누구나 한번은 품어보는 달콤한 꿈이다. 자금이 없으면 건물주는 영원한 꿈일까? 저자는 현재와 미래의 부동산 흐름을 읽을 줄 아는 안목과 자기 자금력에 맞춘 전략, 꼬마빌딩을 관리할 줄 아는 노하우만 있으면 부족한 자금을 충분히 상쇄할 수 있다고 주장한다. 또한 액수별 투자전략과 빌딩 관리 노하우 그리고 건물주가 알아야 할 부동산 지식을 알기 쉽게 설명한다.

월급쟁이들은 경매가 답이다
1,000만 원으로 시작해서 연금처럼 월급받는 투자 노하우

박갑현 지음 | 14,500원
264쪽 | 152×224mm

경매에 처음 도전하는 직장인의 눈높이에서 부동산 경매의 모든 것을 알기 쉽게 풀어낸다. 일상생활에서 부동산에 대한 감각을 기를 수 있는 방법에서부터 경매용어와 절차를 이해하기 쉽게 설명하며 각 과정에서 꼭 알아야 할 중요사항들을 살펴본다. 경매 종목 또한 주택, 업무용 부동산, 상가로 분류하여 각 종목별 장단점, '주택임대차보호법' 등 경매와 관련되어 파악하고 있어야 할 사항들도 꼼꼼하게 짚어준다.

초저금리 시대에도 꼬박꼬박 월세 나오는
수익형 부동산

나창근 지음 | 17,000원
332쪽 | 152×224mm

현재 (주)기림이엔씨 부설 리치부동산연구소 대표이사로 재직하고 있으며 [부동산TV], [MBN], [한국경제TV], [KBS] 등 방송에서 알기 쉬운 눈높이 설명으로 호평을 받은 저자는 부동산 트렌드의 변화와 흐름을 짚어주며 수익형 부동산의 종류별 특성과 투자노하우를 소개한다. 여유자금이 부족한 투자자도 전략적으로 투자할 수 있는 혜안을 얻을 수 있을 것이다.

주식/금융투자

북오션의 주식/금융투자 부문의 도서에서 독자들은 주식투자 입문부터 실전 전문 투자, 암호화폐 등 최신의 투자 흐름까지 폭넓게 선택할 수 있습니다.

주식 투자
기본도 모르고 할 뻔했다

박병창 지음 | 19,000원
360쪽 | 172×235mm

코로나19로 경기가 위축되는데도 불구하고 저금리 기조가 계속되자 시중에 풀린 돈이 주식시장으로 몰리고 있다. 때아닌 활황을 맞은 주식시장에 너나없이 뛰어들고 있는데, 과연 이들은 기본은 알고 있는 것일까? '삼프로TV', '쏠쏠TV'의 박병창 트레이더는 '기본 원칙' 없이 시작하는 주식 투자는 결국 손실로 이어짐을 잘 알고 있기에 이 책을 써야만 했다.

하루 만에 수익 내는
데이트레이딩 3대 타법

유지윤 지음 | 25,000원
312쪽 | 172×235mm

주식 투자를 한다고 하면 다들 장기 투자나 가치 투자를 말하지만, 장기 투자와 다르게 단기 투자, 그중 데이트레이딩은 개인도 충분히 가능하다. 물론 쉬지는 않다. 꾸준한 노력과 연습이 있어야 한다. 하지만 가능하다는 것이 중요하고, 매일 수익을 낼 수 있다는 것이 중요하다. 그 방법을 이 책이 알려준다.

최기운 지음 | 18,000원
424쪽 | 172×245mm

10만원으로 시작하는
주식투자

4차산업혁명 시대를 선도하는 기업의 주식은 어떤 것들이 있을까? 이제 이 책을 통해 초보 투자자들은 기본적이고 다양한 기술적 분석을 익히고 그것을 바탕으로 향후 성장 유망한 기업에 투자할 수 있는 밝은 눈을 가진 성공한 가치투자자가 될 수 있다. 조금 더 지름길로 가고 싶다면 저자가 친절하게 가이드 해준 몇몇 기업을 눈여겨보아도 좋다.

박병창 지음 | 18,000원
288쪽 | 172×235mm

현명한 당신의
주식투자 교과서

경력 23년 차 트레이더이자 한때 스패큐라는 아이디로 주식투자 교육 전문가로 불리기도 한 저자는 "기본만으로 성공할 수 없지만, 기본 없이는 절대 성공할 수 없다"고 하며, 우리가 모르는 '기본'을 설명한다. 아마도 이 책을 보고 나면 '내가 이것도 몰랐다니' 하는 감탄사가 입에서 나올지도 모른다. 저자가 말해주는 세 가지 기본만 알면 어떤 상황에서도 주식투자를 할 수 있다.

최기운 지음 | 18,000원
300쪽 | 172×235mm

동학 개미
주식 열공

〈순매매 교차 투자법〉은 단순하다. 주가에 가장 큰 영향을 미치는 사람의 심리가 차트에 드러난 것을 보고 매매하기 때문이다. 머뭇거리는 개인 투자자와 냉철한 외국인 투자자의 순매매 동향이 교차하는 곳을 매매 시점으로 보고 판단하면 매우 높은 확률로 이익을 실현할 수 있다.

곽호열 지음 | 19,000원
244쪽 | 188×254mm

초보자를 실전 고수로 만드는
주가차트 완전정복

이 책은 주식 전문 블로그 〈달공이의 주식투자 노하우〉의 운영자 곽호열이 예리한 분석력과 세심한 코치로 입문하는 사람은 물론 중급자들이 놓치기 쉬운 기술적 분석을 다양하게 선보인다. 상승이 예상되는 관심 종목 분석과 차트를 통한 매수·매도 타이밍 포착, 수익과 손실에 따른 리스크 관리 및 대응방법 등 주식시장에서 이기는 노하우와 차트기술에 대해 안내한다.

유지윤 지음 | 18,000원
264쪽 | 172×235mm

누구나 주식투자로
3개월에 1000만원 벌 수 있다

주식시장에서 은근슬쩍 돈을 버는 사람들이 있다. '3개월에
1000만 원' 정도를 목표로 정하고, 자신만의 투자법을 착실
히 지키는 사람들이다. 3개월에 1000만 원이면 웬만한 사람들
월급이다. 대박을 노리지 않고, 딱 3개월에 1000만 원만 목표
로 삼고, 그것에 맞는 투자 원칙만 지키면 가능하다. 이렇게
1000만 원을 벌고 나서 다음 단계로 점프해도 늦지 않는다.

근투생 김민후(김달호) 지음
16,000원 | 224쪽
172×235mm

삼성전자 주식을 알면
주식 투자의 길이 보인다

인기 유튜브 '근투생'의 주린이를 위한 투자 노하우. 국내 최초
로 삼성전자 주식을 입체 분석한 책이다. 삼성전자 주식은 이른
바 '국민주식'이 되었다. 매년 구준히 놀라운 이익을 내고 있으
며, 변화가 적고 구준히 상승할 것이라는 예상이 있기에, 이 책
에서는 삼성전자 주식을 모델로 초보 투자자가 알아야 할 거의
모든 것을 설명한다.

금융의정석 지음 | 16,000원
232쪽 | 152×224mm

슬기로운 금융생활

직장인이 부자가 될 방법은 월급을 가지고 효율적으로 소비하
고, 알뜰히 저축해서, 가성비 높은 투자를 하는 것뿐이다. 그 기
반이 되는 것이 금융 지식이다. 금융 지식을 전달함으로써 개설
8개월 만에 10만 구독자를 달성하고 지금도 아낌없이 자신의 노
하우를 나누어주고 있는 크리에이터 '금융의정석'이 영상으로는
자세히 전달할 수 없었던 이야기들을 이 책에 담았다.

터틀캠프 지음 | 25,000원
332쪽 | 172×235mm

캔들차트 매매법

초보자를 위한 기계적 분석과 함께 응용까지 배울 수 있도록 자
세하게 캔들 중심으로 차트의 원리를 설명한다. 피상적인 차트
분석이 아니라 기계적으로 차트를 발굴해서 실전에서 활용하는
데 초점을 맞춘 가이드북이다. 열심히 공부하고 노력하여 자신
만의 매매법을 확립해, 돈을 잃는 투자자에서 수익을 내는 투자
자로 거듭날 계기가 될 것이다.